RED STAR
OVER CHINA

大家·一起读
红星照耀中国

苏立康／主编

人民文学出版社

图书在版编目（CIP）数据

大家·一起读《红星照耀中国》/苏立康主编.—北京：人民文学出版社，2021

ISBN 978-7-02-017074-6

Ⅰ.①大… Ⅱ.①苏… Ⅲ.①阅读课—初中—教学参考资料 Ⅳ.①G634.333

中国版本图书馆 CIP 数据核字（2021）第 053059 号

策划编辑	脚　印
责任编辑	王　蔚
装帧设计	刘　静
责任印制	王重艺

出版发行　人民文学出版社
社　　址　北京市朝内大街 166 号
邮政编码　100705

印　　刷　三河市延风印刷有限公司
经　　销　全国新华书店等

字　　数　130 千字
开　　本　890 毫米×1290 毫米　1/32
印　　张　6.125　插页 1
印　　数　1—30000
版　　次　2021 年 6 月北京第 1 版
印　　次　2021 年 6 月第 1 次印刷

书　　号　978-7-02-017074-6
定　　价　26.00 元

如有印装质量问题，请与本社图书销售中心调换。电话：010-65233595

出 版 说 明

《红星照耀中国》是一部经典的纪实文学作品。1936年，美国记者埃德加·斯诺带着他当时无法理解的诸多关于红色中国的问题，冒险进入位于中国西北地区的陕甘宁苏区进行采访。历时四个月，他采访了众多在苏区工作、生活、战斗的人，收集到大量关于中国共产党、关于红军的一手资料，终于写成了这部震撼世界的红色经典。

2017年，教育部统编语文教材八年级上册将《红星照耀中国》列入名著导读书目，将其推荐给了广大的青少年读者。为增进青少年读者对这部红色经典的理解，人民文学出版社脚印工作室邀请多位语文教学专家、一线教研员共同探讨、研究、编写了这部《大家·一起读〈红星照耀中国〉》。本书紧贴语文课程大纲要求，以名师领读的方式带领青少年读者"整本书"阅读原著，进一步拓展青少年读者的视野和知识面，并深入探究了原著的思想内涵和精神价值。

《红星照耀中国》诞生之时曾激励了一大批有志青年投入到如火如荼的红色革命中，时至今日，书中的人物和故事仍闪烁着夺目的光辉。这笔宝贵的精神财富如同璀璨的"红星"，时刻提醒着我们回望历史，并引领我们脚踏实地，勇敢坚定地走向未来。《大家·一起读〈红星照耀中国〉》历时两年多时间编写而成，我们期望它可以帮助青少年读者更好地理解原著，领会书中所记载的革命前辈们那勇敢、自信、乐观、奉献的精神品质，从而以更为积极的姿态投入未来的生活、工作、学习之中。

人民文学出版社编辑部

2021 年 5 月

主　　编：苏立康
副 主 编：张杰（执行）　孙荻芬
编写人员：（以姓氏拼音为序）
　　　　　　冉工林　吴　东　闫　明
　　　　　　姚守梅　张　菁　赵　岩

目　录

专题一　初识作品与作者 ___1
一、初识作品的分量 ___3
二、感知作者的情怀 ___7

专题二　斯诺镜头下的红军 ___13
一、斯诺在红区的采访清单 ___15
二、"不经意"的人物特写 ___25

专题三　跟着斯诺探访苏区 ___35
一、黄土高原的社会新风尚 ___37
二、解锁人物背后的环境密码 ___50
三、耳目一新的苏区政府执政能力 ___66

专题四　斯诺笔下的长征 ___73
一、斯诺记录了怎样的长征 ___75
二、斯诺是怎样记录长征的 ___94

专题五　探寻作品历久弥新的生命力 ___109
一、内容的真实性___111

二、表达的感染力 __118

三、情怀的魅力 __125

专题六　跟斯诺学讲中国故事 __133

一、谁在讲：发现纪实文学的讲述者 __135

二、对谁讲：关注纪实作品的接受者 __147

三、讲什么与怎样讲：纪实作品的内容与表达 __155

四、通过纪实作品阅读，学习讲好中国故事 __164

资料库 __167

一、埃德加·斯诺生平大事记 __169

二、人物名片 __172

三、《红星照耀中国》版本报告 __184

专题一

初识作品与作者

★ 初识作品的分量
★ 感知作者的情怀

《红星照耀中国》是二十世纪三十年代"忠实描绘中国红色区域的第一本著作";作者埃德加·斯诺是二十世纪三十年代"在(中国)红色区域进行采访的第一个西方新闻记者"。八十多年来,这两个"第一"在中国人的心里历久而弥足珍贵。

《红星照耀中国》成书于1937年10月。九十多年前(1928年),这位西方的新闻记者为什么要到历经天灾人祸兵燹的旧中国来,时过九年(1937年),又如何打破国民党近十年的新闻封锁,写就这本《红星照耀中国》?自问世以来,这部作品在世界上有亿万读者,它是以怎样的力量影响中国、震动世界的?

1972年,这位西方记者在弥留之际,用生命最后的力量给我们留下了一句话——"我热爱中国"。中国何以使斯诺先生爱之深切而终生不忘呢……这一系列的问题,都使我们期待走进这部作品,感知它的面貌,体味它的文字,悟出它的真谛。

★ 一、初识作品的分量

【思考】

1. 关于这部作品，书中的两篇"序"做了哪些介绍与评价？其中哪些内容引发了你阅读的兴致？

2. 翻阅目录，想想你将会对著作中哪部分内容更为关注。

【点拨】

打开《红星照耀中国》的目录，首先看到的是胡愈之先生写的序"中文重译本序"（以下简称"重译序"）和作者埃德加·斯诺的自写序"一九三八年中译本作者序"（以下简称"作者序"）。这两篇序言是作品的重要组成部分，是我们读懂作品、读懂作者不可或缺的钥匙。

对本书的定位

胡愈之先生是卓越的学者和著名的社会活动家。早在1937年底，胡先生最早从作者斯诺那里得到《红星照耀中国》的英文版样书，就积极推介并组织出版了此书。他认为，当时国民党封锁苏区，污蔑共产党，使大众不了解苏区、红军。现在国共合作抗日，如果这本书能出版，可以让大众了解真正的共产党。

1979年，沉淀了四十二年之久，胡先生重温那一段历史、那一部作品，借出版重译本的机会为它作了序——就是我们今天看到的这篇序。序中介绍了作者的生平和写作此部作品的经过，评价了作品的时代意义和历史价值。他说："所有后来的著作，都不能和《西行漫记》（1937年《红星照耀中国》中文版的曾用名）相比拟……唯有四十三年前写作的《红星照耀中国》始终是许多国家的畅销书。直到作者去世以后，它仍然是国外研究中国问题的首要的畅销书。"

创作背景

胡先生在序中介绍了斯诺前往苏区采访的背景："1936年，中国正酝酿着由长期的反共内战转变为对日本帝国主义的全面抗战，而这也是全世界反法西斯战争的序幕。"斯诺正是在中国与世界大激荡的社会背景中，于当年6月带着无数关于红色革命的问题，冒着生命危险进入陕甘宁边区的。他经历为期四个月的探寻采访，"在思想情感上起了极大变化"，以真情实感撰写了这部作品，打破了近十年国民党以及资本主义世界对中国革命严密的新闻封锁。

斯诺在自序中这样解说这一次写作："这里我所要做的，只是把我和共产党员同在一起这些日子所看到、所听到而且所学习的一切，做一番公平的、客观的无党派之见的报告。"正是他的"公平"与"客观"，感动了中国，影响了世界。

一些重要评价

本书译者、著名翻译家董乐山曾在一篇文章中这样说起该书的影响:"它(《红星照耀中国》)在中国知识分子中流传越来越广,如当时中国夜空上的一颗明亮的星星,指引着成千上万的青年走上革命的道路。有多少热血青年,就是读了这本书以后,开始对中国革命和中国共产党有了认识,有的因此千里迢迢,排除种种艰难,奔赴当时的抗日圣地延安。有的就在当时当地,不论是深陷敌后的上海,或者白色恐怖的所谓大后方,参加了革命的地下工作。我本人就是这个行列中的一员。"

更为重要的是,斯诺西北之行,以其"惊人的洞察力和敏锐的分析能力",认识到了"中国和世界局势大转变"的根本因素——"是中国共产党领导下的工农兵群众和革命知识分子艰苦斗争所取得的丰硕成果"。在序言里,他肯定地说"这一本著作是颇有一些价值的",其重要价值在于观察研究了中国在最为紧急的时候,是"共产党领袖们用了神奇的远见,正确地分析那些促成对日抗战的事实","抱定抗战决心",完成统一大业,找到了中华民族的灵魂所在。"这是西方的所谓'中国通'所不能办到的"。

有学者认为:"《红星照耀中国》成了研究现代中国的历史学家的主要资料。"美国著名学者费正清在为斯诺另一部《红色中国杂记》写序言时这样说过:"他写的《红星照耀中国》一书出版的本身,就是当代中国史上的一件大事。这部书引人入胜……此书对那些处于劣势、侠盗式地活动在穷乡僻壤之中,神秘而又可爱的人们,进行了细致入微和富有人情味的描写。"

是的,《红星照耀中国》立足红色中国人文精神的传播,或以长篇的对话真实地展现革命领袖的人生轨迹及其远见卓识，或以随处可见的生活细节、红军战士和苏区群众内心世界的自然流露，颂扬红色区域的社会风尚，触及人的情感与思想的深处。那种温柔而坚韧的情感萦绕在字里行间，使读者得以穿越时空与革命前辈交流，感悟他们经历战争风雨磨砺之后泛出的人性光华。

★ 二、感知作者的情怀

【思考】

当我们手捧这部作品,是否想到在战火纷飞的年代,在众多的记者中,为什么埃德加·斯诺能够冒着生命危险向世界报道真实的中国。

【点拨】

胡愈之先生曾特别感谢斯诺及其夫人:"无论如何,读过这一本书的人,都不能不承认作者和他夫人韦尔斯女士是真正的中国的朋友。假如没有热诚和丰富的同情,不能写出如此动人的报告文学,而对于这在艰苦的经历中斗争的中国民族,没有深刻的理解,也断不能有像本书作者那种奇异的收获。"

走近作者

"心生而言立,言立而文明"。斯诺之所以能够写出这本具有时代意义和历史价值的作品,首先在于他求索"真实"的欲望,在于他恪尽职守,对职业准则的遵循。胡愈之先生在"重译序"

埃德加·斯诺

中详细记载了斯诺的生平及其与中国的源流。

斯诺 1905 年出生于美国的一个贫困家庭，年轻时，当过农民、工人、印刷学徒，从事过新闻工作。1928 年，他 23 岁，在中国大革命陷入低潮的时候到了上海，曾任欧美几家报社驻华记者、通讯员。他踏遍中国大地进行采访报道，"9·18" 事变后曾访问东北、上海战线，发表报告通讯集《远东战线》。

斯诺见过宋庆龄和鲁迅，引发了他对记录中国人民苦难与向往的中国新文艺的兴趣，后来他对萧乾讲，"鲁迅是教我懂得中国的一把钥匙"。他庆幸自己能在上海结识鲁迅先生和宋庆龄女士，他是在他们的指引下认识中国的。

去苏区采访前

他说："我在中国的七年中间，关于中国红军、苏维埃和共产主义运动，人们提出过很多很多问题。"他以为，"在世界各国中，恐怕没有比红色中国的情况是更大的谜，更混乱的传说了"。他在"探寻红色中国"这一篇里指出："相当一个时期以来，竟没有一个非共产党观察家能够有把握地、准确地，或是用亲身调查过的事实解答这些问题，这似乎是荒唐可笑的。"他要了解真实的中国红军，了解真实的中国共产党，他说："在这些年的国共内战中，已经有千千万万的人牺牲了生命。为了探明事情的真相，难道不值得拿一个外国人的脑袋去冒一下险吗？"他心定而神往，坚定地说："就是怀着这种冒险的心情，我出发了。"

《红星照耀中国》出版后

斯诺在"自序"中评价自己的作品:"这一本书出版之后,居然风行各国,与其说是由于这一本著作的风格和形式,倒不如说是由于这一本书的内容罢。"因为书中的故事是"中国革命青年们所创造,所写下的。这些革命青年们使本书所描写的故事活着。"

经历长时间的实地探访,斯诺头脑中的无数问题找到了答案。毛泽东、周恩来等革命领袖的长篇谈话,"用春水一般清澈的言辞解释中国革命的原因和目的";那些无名的红色战士、农民、工人、知识分子的对话,都使作者窥知他们成为不可征服的那种精神、那种力量、那种欲望、那种热情。在红色区域的所见所闻所感使斯诺对中国红军的认识无比清晰,他以为中国革命的精神、革命的力量、革命的热情,不仅仅是中国的,更是"人类历史本身的丰富而灿烂的精华"。所以,他要以真实的红军故事,要以真实的中国红色革命的精神与智慧,讲给中国人,讲给世界,传播中国革命的文化精髓,讲述中国革命对于人类历史发展的重要贡献。

进一步了解斯诺,可翻阅本书"埃德加·斯诺生平大事记"。

胡愈之先生说:"在斯诺的一生,除了为欧美报刊写作通讯稿以外,他完成了十一本著作,其中极大部分是和中国问题有关的。"回顾斯诺这后半生对中国的关切,对中国国际关系的关切,我们再来读《红星照耀中国》,必将随其斐然文采而激情起伏。

埃德加·斯诺是中国人民的朋友,是闻名世界的作家、新闻记者,他对中国革命、对世界革命做出了重要贡献,我们阅读《红星照耀中国》,要读懂他追求正义、热爱和平的国际主义情怀。

【探究】

1. 结合以上"点拨",在这部作品的两篇序中,标出解读作品、理解作者所需的信息。

2. 如果回到二十世纪六七十年代,你作为记者有机会采访斯诺及其夫人,你会采访哪些内容呢?试着拟一份采访提纲。

3. 这部作品的最后有三篇"附录"。这三篇附录都是董乐山先生写的。董先生是这本著作重译本的主要翻译,他在附录中讲了关于斯诺的几个故事。阅读这三篇附录,说一说这几个故事使你对斯诺又有了哪些认识?

4. 下面是根据本书整理的"斯诺赴陕甘宁苏区采访路线示意图",借助它你可以了解作品的全貌。阅读中,你可以随时在图上记下作者所到之处所发生的事。

1936.6—1936.10 斯诺赴陕甘宁苏区采访路线示意图

▨ 1936年斯诺采访时陕甘宁苏区的大致范围

北平 1936.6出发
坐上了"开往西安的慢车"

途经 郑州
换乘陇海线

吴起镇 苏区"工业中心"

保安（志丹县）1936.7.16开始与毛泽东长谈，1936年9月底到10月中回保安继续采访

安塞白家坪 进入苏区，见到了周恩来

肤施（延安）通车道路的终点
（注：红军1936.12占领延安）

洛川 在一同茅屋的土炕上过夜

西安 第一个目的地
从这里乘坐卡车去往前线

预旺堡及周边
采访彭德怀、徐海东等
1936.8-1936.9

河连湾
返回时途经

斯诺西行路线图

专题二

斯诺镜头下的红军

★ 斯诺在红区的采访清单
★ "不经意"的人物特写

《红星照耀中国》让全世界人民看到了一个与之前国民党宣传的截然不同的苏区。这里的领导人学识卓越、气度非凡，这里的士兵坚忍勇毅、自尊自强，这里的民众勤劳质朴、安居乐业，对于中国共产党人多年的中伤和污蔑因之不攻自破。在书中，作者忠实地刻画了红军这一光辉的群体形象。下面，让我们一起跟随作者走近充满神秘色彩的红军。

★ 一、斯诺在红区的采访清单

【思考】

1. 斯诺到红色区域采访了哪些人？他对红色中国、对红军的认识有哪些变化？这些变化是怎么产生的？

2. 分类别归纳斯诺采访所得信息。

【点拨】

作品第一篇第一小节，以"一些未获解答的问题"开头，开门见山地指出"我在中国的七年中间，关于中国红军、苏维埃和共产主义运动，人们提出过很多很多问题"。斯诺从十一个方面归纳了这些问题，这十一个方面的问题都涉及红军。斯诺就是带着这些问题只身踏进红区进行实地探寻采访的。

进入苏区近四个月的时间里，斯诺采访的既有中共的最高领袖，也有军中的骁勇名将，还有普通的士兵和淳朴的百姓。在与许多人深入接触、交谈的过程中，斯诺获取了宝贵的第一手材料。正如他自己总结所说："我在红区广泛地旅行，非常自由地向许多农民询问情况。我分别同几十位共产党员谈了话，有的历时几小时，有的历时几天。他们大多数是二十来岁或三十来岁，有几位是四十来岁，有两三位是五十来岁。他们是红军指挥员和战斗员，是党和政府机关的工作人员。"斯诺用忠实的镜头语言，全方位记录了陕北边区军民的精神风貌，向世人展示了全新的中国形象。

抗战之声

第一军团的军官们

苏维埃中国四巨头（自右至左）毛泽东、朱德、周恩来、博古

对于中共的高层领导人，斯诺先后采访了周恩来、毛泽东、洛甫、林彪、徐特立、彭德怀、徐海东等人，其中与毛泽东、周恩来多次长谈，着重进行报道，点面结合、有详有略，让读者既能领略红色中国领导人的精神风采与卓越才能，又能感受到他们每个人身上鲜明生动的个性特质。下面三段文字分别是作者对周恩来、毛泽东、徐特立的描述。

选段1

我一边和周恩来谈话，一边深感兴趣地观察着他，因为在中国，像其他许多红军领袖一样，他是一个传奇式的人物。他个子清瘦，

18 · 红星照耀中国
专题二 斯诺镜头下的红军

周恩来

中等身材,骨骼小而结实,尽管胡子又长又黑,外表上仍不脱孩子气,又大又深的眼睛富于热情。他确乎有一种吸引力,似乎是羞怯、个人的魅力和领袖的自信的奇怪混合的产物。他讲英语有点迟缓,但相当准确。他对我说已有五年不讲英语了,这使我感到惊讶。

《红星照耀中国》48 页

《红星照耀中国》(青少版)40 页

选段 2

我到后不久,就见到了毛泽东,他是个面容瘦削、看上去很像林肯的人物,个子高出一般的中国人,背有些驼,一头浓密的黑发留得很长,双眼炯炯有神,鼻梁很高,颧骨凸出。我在一刹那间所得的印象,是一个非常精明的知识分子的面孔,可是在好几天里面,我总没有证实这一点的机会。我第二次看见他是傍晚

中华苏维埃政府主席毛泽东

的时候,毛泽东光着头在街上走,一边和两个年轻的农民谈着话,一边认真地在做着手势。我起先认不出是他,后来等到别人指出才知道。南京虽然悬赏二十五万元要他的首级,可是他却毫不介意地和旁的行人一起在走。

《红星照耀中国》69页

《红星照耀中国》(青少版)57页

选段3

  我叫他老徐,因为苏区人人都是这样叫他——教书先生老徐——因为,虽然在东方其他地方,六十一岁不过是政府最高级官员的平均年龄,可是在红色中国,同别人相比,他似乎是个白发老翁。然而他并不是老朽昏聩的标本。像他的六十老翁的同辈

20 · 红星照耀中国
专题二 斯诺镜头下的红军

西北苏维埃政府教育委员徐特立

谢觉哉（你可以常常看到这一对白发土匪在携手同行，好像中学生一样）一样，他步履矫健，双目炯炯，他的一双健腿在长征途上曾经帮他渡过大河，爬过高山。

《红星照耀中国》237 页

《红星照耀中国》（青少版）191 页

　　在作者眼中，这三位领导人身材消瘦和富于学识，都充满着旺盛的精力和强烈的自信，分别展现了共产党人坚韧无畏的精神风貌，同时，周恩来、毛泽东、徐特立三位人物都各具特色，分别展现了独一无二的个人魅力。

　　对于重点人物的报道，斯诺更多基于面对面的交流，通过人生经历、思想改变以及革命历程，追踪其成长轨迹，分析其心理性格，深入其精神境界，探寻其思想根源，从猎奇转为深入的思考。

阅读第四篇"一个共产党员的由来",对毛泽东的采访可以分为下面几个阶段:

青少年时期的经历
↓
投身革命的经过
↓
国民革命时期的主要经历
↓
苏维埃建立时期的主要经历
↓
红军成长时期的主要经历

这些信息极具价值,详述了毛泽东从一个平凡的农家之子到马克思主义革命者的转变过程,真实还原"一个共产党员的来历"。童年时期的家庭氛围形成的同情弱者和反抗强者的性格,求学时期萌发的"国家兴亡,匹夫有责"的救国理想,从军及深造时期的思想转变,投身革命以及建立苏维埃政权时期的不懈斗争,彰显了共产党人寻求救国之路的坚定信念与献身精神,使作者深刻地认识到"中国共产党过去、现在、将来都忠于马列主义。并将继续进行斗争反对一切机会主义倾向。它之所以不可战胜,所以一定取得最后胜利,其原因之一就在于这种决心。"这种源于个体亲身经历而产生的感召力量,胜过任何辞藻的渲染与刻意的抒情。

作者除了通过直接访谈进行"正面刻画"之外,还通过他人转述进行"侧面叙写",以此向读者呈现更多的红军将领形象。下面三段文字是一位红军指挥员在路途中向作者讲述的贺龙二三事。你可以比较一下,与直接记述亲眼所见的不同。

22 · 红星照耀中国
专题二　斯诺镜头下的红军

毛泽东

斯诺和毛泽东

选段1

"即使在那个时候,贺龙的部下也不是土匪,"有一天,我们坐在一条清凉的溪流旁边几棵树下休息时,李对我说。"他的父亲是哥老会的一个领袖,他的名望传给了贺龙,因此贺龙在年轻时就闻名湖南全省。湖南人都传说他年轻时的许多英勇故事。他的父亲是清朝一个武官,一天别的武官请他去赴宴。他把儿子贺龙带去。做爸爸的吹嘘自己儿子如何勇敢无畏,有个客人想试他一下,在桌子底下开了一枪。他们说贺龙面不改色,连眼睛都没有眨一下!"

《红星照耀中国》56页

《红星照耀中国》(青少版)46页

选段2

他是个大个子,像只老虎一样强壮有力。他已年过半百,但仍很健康。他不知疲倦。他们说他在长征路上背着许多受伤的部下行军。即使他还在当国民党的将领时,他生活也跟他的部下一样简单。他不计较个人财物——除了马匹。他喜欢马。有一次他有一匹非常喜欢的马,这匹马给敌军俘获了。贺龙又去打仗夺回来。结果真的夺了回来!

《红星照耀中国》59页

《红星照耀中国》(青少版)48页

选段3

有一次贺龙逮到了一个名叫波斯哈德的瑞士传教士,军事法庭因他从事所谓间谍活动——大概不过是把红军动向的情报传给国民党当局，许多传教士都是这样做的——"判处"他监禁十八个月。贺龙开始长征时，波斯哈德牧师的徒刑还没有满期，因此奉命跟着军队走，最后刑期满了以后才在途中释放，给旅费前往云南府。使得大多数人感到意外的是，波斯哈德牧师对贺龙并没有讲什么坏话。相反，据说他说过，"如果农民都知道共产党是怎样的，没有人会逃走。"

《红星照耀中国》60 页

《红星照耀中国》（青少版）49 页

　　相比直接的采访记录，转述式的内容因为叙述者的加工而更富有戏剧性和传奇色彩。红军将士心目中的贺龙年少成名，勇毅过人，强壮魁梧，爱马如命，宽容仁慈，极具人格魅力。这些对贺龙身边人物的采访，仿佛传统说书一般扣人心弦，浪漫生动。虽非亲眼所见，但却客观反映了红军将领在军民中的崇高威望。

　　从作者的采访清单中，能够看到一个优秀的记者如何选择采访对象、挖掘采访信息、考虑详略安排、变换叙述角度，用事实说真话，完成人物形象的塑造与还原。

【探究】

　　1. 斯诺称徐海东为"红色窑工"，请根据斯诺的采访，试着给其他红军将领也拟一个贴切的称号，以便留下更加深刻的印象。

　　2. 斯诺笔下的领袖人物，与你想象中的或者在书籍插图、影视作品中看到的样子，有什么不同？你觉得哪一个更加真实？

二、"不经意"的人物特写

在按照预设的采访清单对红军将领进行走访的同时,作者还凭借新闻工作者高度的敏感,在途中随时将边区军民置于"镜头"之中,花大量篇幅书写那些普普通通的红军战士、工人、农民。比如李长林、"老狗"、老表、农村少年、绰号"山西娃娃"的逃跑学徒、十九岁的"铁老虎"、六十四岁的白胡子老李等,从这些看似平凡的普通人身上,作者同样捕捉到了积极乐观、昂扬向上、坚忍不拔的意志品质。

"高歌与战斗"

26 · 红星照耀中国

专题二　斯诺镜头下的红军

中国人民抗日第一先锋军的部分将领

红军护士

【思考】

同塑造赫赫有名的大人物相比，作者在刻画普通人物时又会采用怎样的方法？

【点拨】

报道中，写大人物时，作者和读者的心中多多少少都会有一些既定的猜想，或意料之中，或想象之外，在叙写时往往就会强调与猜想一致或不一致的部分，并容易受情感因素的影响。写普通人物时，由于没有已有的信息，更需要借助细节的描写来塑造栩栩如生且真实可信的形象。阅读中，不仅要关注采访的谈话内容，还要留意作者通过察言观色，捕捉到的服饰、神情、语气、语调等细微处的描写，这样才能获得清晰而完整的形象。

【思考】

下面四段文字都生动细致地描摹了"红小鬼"的形象，不妨用心体会一下细节的妙处。

选段 1

饭是由两个态度冷淡的孩子侍候的，确切地说是由他们端来的，他们穿着大了好几号的制服，戴着红军八角帽，帽舌很长，不断掉下来遮住他们的眼睛。他们最初不高兴地看着我，可是在几分钟后，我就想法惹起了其中一个孩子的友善的微笑。这使我胆子大了一些，他从我身边走过时，我就招呼他："喂，给我们拿点冷水来。"

专题二　斯诺镜头下的红军

　　那个孩子压根儿不理我。几分钟后，我又招呼另外一个孩子，结果也是一样。

　　这时我发现戴着厚玻璃近视眼镜的交通处长李克农在笑我。他扯扯我的袖子，对我说："你可以叫他'小鬼'，或者可以叫他'同志'，可是，你不能叫他'喂'。这里什么人都是同志。这些孩子是少年先锋队员，他们是革命者，所以自愿到这里来帮忙。他们不是佣仆。他们是未来的红军战士。"

　　正好这个时候，冷水来了。

　　"谢谢你——同志！"我道歉说。

　　那个少年先锋队员大胆地看着我。"不要紧，"他说，"你不用为了这样一件事情感谢一个同志！"

《红星照耀中国》45页

《红星照耀中国》（青少版）38页

选段2

　　他穿着网球鞋、灰色短裤，戴着一顶褪了色的灰色帽子，上面有一颗模模糊糊的红星。但是，帽子下面那个号手可一点也不是褪色的：红彤彤的脸，闪闪发光的明亮眼睛，这样的一个小孩子你一看到心就软了下来，就像遇到一个需要友情和安慰的流浪儿一样。我想，他一定是非常想家的吧。可是很快我就发现自己估计错了。他可不是妈妈的小宝贝，而已经是位老红军了。他告诉我，他今年十五岁，四年前在南方参加了红军。

《红星照耀中国》323页

《红星照耀中国》（青少版）262页

选段 3

  他们大多数人穿的军服都太肥大,袖子垂到膝部,上衣几乎拖到地面。他们说,他们每天洗手、洗脸三次,可是他们总是脏,经常流着鼻涕,他们常常用袖子揩,露着牙齿笑。虽然这样,但世界是他们的:他们吃得饱,每人有一条毯子,当头头的甚至有手枪,他们有红领章,戴着大一号甚至大两号的帽子,帽檐软垂,但上面缀着红星。他们的来历往往弄不清楚:许多人记不清自己的父母是谁,许多人是逃出来的学徒,有些曾经做过奴婢,大多数是从人口多、生活困难的人家来的,他们全都是自己做主参加红军的。有时,有成群的少年逃去当红军。

《红星照耀中国》326 页
《红星照耀中国》(青少版) 263 页

选段 4

  但我最喜欢的是保安一个当外交部交通处处长李克农通讯员的"小鬼"。他是一个约十三四岁的山西少年,我不晓得他是怎样参加红军的。他是少年先锋队中的"花花公子",对于自己的那个角色,态度极其认真。他不知从哪里弄到一条军官皮带,穿着一套整洁合身的小军服,帽檐什么时候发软了,总是衬上新的硬板纸。在他的洗得很干净的上衣领口里面,总是衬着一条白布,露出一点。他无疑是全城最漂亮整齐的士兵。毛泽东在他旁边也显得像一个江湖流浪汉。

《红星照耀中国》328 页
《红星照耀中国》(青少版) 266 页

【点拨】

"红小鬼"是红军队伍中一个特殊的群体,指那些少年红军战士。他们尽管年幼,却跟随部队历经长征,在战火中成长,用不寻常的童年谱写出生命的壮歌。他们是作者在苏区中意外和惊叹的发现。

不断掉下来遮住眼睛的军帽,红彤彤的脸,闪闪发光的明亮眼睛,袖子垂到膝部、上衣几乎拖到地面的肥大军服,流着鼻涕、露着牙齿笑的神情,干净的上衣领口里面露出的一点白色衬布……透过这些生动传神的特写,那一张张天真可爱又严肃认真的面孔是不是活灵活现地浮现在你眼前?同时,我们又能感受到一种这个年龄孩子所不常见的刚毅坚忍、勇敢无畏,并随作者一起为之赞叹。

对比4个选段,还可以明显地看出,选段1发生在作者初到苏区时,作者与"红小鬼"有着因陌生而产生的距离感,作者在好奇地窥探,心中充满了不确定的猜测,同时"红小鬼"的外貌、

红小鬼

神情、举止、语言，都令作者感到新鲜而特别，作者所受到的震撼可以从当时的心理活动得到印证："我想，这些孩子真了不起。我从来没有在中国儿童中间看到过这样高度的个人自尊。"

而选段2-4则完全不同，作者与"红小鬼"的距离明显拉近，对外貌、神情、举止的描写都充满着亲近和喜爱之情，由此产生的感慨也更加深刻："红色中国中有一件事情，是很难找出有什么不对的，那就是'小鬼'。他们精神极好。我觉得，大人看到了他们，就往往会忘掉自己的悲观情绪，想到自己正是为这些少年的将来而战斗，就会感到鼓舞……他们耐心、勤劳、聪明、努力学习，因此看到他们，就会使你感到中国不是没有希望的。"作者借助视角的变化和精准的刻画，创造出强烈的现场感，将读者带入其中。

斯诺的报道恪守新闻的求真，又充满文学的浪漫，使得这部纪实作品有了很强的可读性。采访中，作者绝不只是充当一个机械的记录者，而是

"红军小上校"

胡金魁，一个长大了的"红小鬼"

将人文情怀注入其中。因此，书中众多的人物不仅有光辉的事迹、远大的理想，同时还充满了情感的温度。作者在铺展宏大的历史画卷时，又将镜头聚焦在诸如饮食、住宿、开会、舞会、恋爱，甚至房屋摆设、身体语言等有趣的细节中，让读者更能感受到在激越、紧张和进取中，不乏张扬的个性和自由舒展的心灵。原来我们崇拜的伟人和英雄，也有着如此可亲可近的一面，他们的理想信念一致，性格气质各异，每个人的言行举止都透露出独特的人格魅力。这是本书问世这么多年，读来仍不觉枯燥的原因之一。

作者在即将离开苏区时，又特别记述了下面的情景：

选段5

　　我最后一次走过保安的大街，越是走近城门，越是感到恋恋不舍。人们从办公室伸出脑袋来向我道别。我的扑克俱乐部成员全体出动来送行，有些"小鬼"陪我走到保安城墙根。我停下来给老徐和老谢拍照，他们像小学生那样互相搭着肩膀。只有毛泽东没有出现，他仍在睡觉。

　　"别忘了我的假臂！"蔡树藩叫道。

　　"别忘了我的照片！"陆定一提醒我。

　　"我们等着你的航空队！"杨尚昆笑道。

　　"给我送个老婆来！"李克农要求。

　　"把四两可可送回来。"博古责怪道。

《红星照耀中国》385 页
《红星照耀中国》（青少版）311 页

相信你读到这里时，一定会心一笑。

那些在困境中浴血奋战、肩负重大使命的革命者们，在与斯诺告别时开着风趣的玩笑，轻松而豁达，既表达了将他视为朋友、期待有朝一日再度联系的情谊，又用幽默风趣的调侃冲淡离别的伤感，表现出革命者始终昂扬乐观的心态。他们胸怀天下，又珍视友谊，珍惜平凡生活中的点点滴滴，艰难险阻改变不了他们对生活的热爱和美好未来的期望。这应该是红军精神最真切、最生动、最自然的流露，所以成为作者心中最珍贵的定格画面。这些充满人情味的表达，才是破除国民党对共产党人妖魔化的最佳方式。

全书中，作者并没有对红色中国的革命领导集体进行整体描述，只是随着采访的进程将采访中遇到的形形色色的人都收入自己的"镜头"。从领袖人物到普通战士，再到工人农民，一一具体描摹，忠实记录下红色中国的人物群像。

正如作者在序中说："从严格的字面上的意义来讲，这本书的一大部分也不是我写的，而是毛泽东、彭德怀、周恩来、林伯渠、徐海东、徐特立、林彪这些人——他们的斗争生活就是本书描写的对象——所口述的。此外还有毛泽东、彭德怀等人所作的长篇谈话，用春水一般清澈的言辞，解释中国革命的原因和目的。还有几十篇和无名的红色战士、农民、工人、知识分子所作的对话，从这些对话里面，读者可以约略窥知使他们成为不可征服的那种精神，那种力量，那种欲望，那种热情。——凡是这些，断不是一个作家所能创造出来的。这些是人类历史本身的丰富而灿烂的精华。"

所以，本书的价值并不只在于"独家采访"，更重要的是，它记录下这些有血有肉的鲜活生命，组成了一个充满希望的"活的中国"，让读者看到未来——中国共产党及其领导的革命事业，犹如一颗闪亮的红星，不仅照耀着中国的西北，而且必将照耀全中国，照耀全世界。

友情提示：斯诺在《漫长的革命》一书中记录了1964年与周恩来总理的谈话。周总理对他说："我们认为你是一个作家和历史学家，绝不是记者。"当你从斯诺的采访报道中对红军将士有了基本的了解，不妨再以"作家和历史学家"的视角再读一读斯诺笔下的人物，一定还会有新的发现和感受。

【探究】

1. 斯诺笔下的"红小鬼"的年龄与你的年龄相仿，他们和今天的你们有什么不同？为什么会有这样的不同？

2. 鲁迅先生在《中国人失掉自信力了吗》一文结尾处写道："我们有并不失掉自信力的中国人在。我们从古以来，就有埋头苦干的人，有拼命硬干的人，有为民请命的人，有舍身求法的人……虽是等于为帝王将相作家谱的所谓'正史'，也往往掩不住他们的光耀，这就是中国的脊梁。"当时的红区军民正是鲁迅所赞颂的"中国的脊梁"，结合作品中相关内容，说说斯诺如何写出了他们的光耀？

3. 本书多次被改编成影视作品，比如：纪录片《红星照耀中国》（2011年）、电视剧《红星照耀中国》（2016年）、电影《红星照耀中国》（2019年）等。你可以有选择地观看，并与原著中的内容进行对照，对其人物形象的塑造做出中肯的评价。

专题三

跟着斯诺探访苏区

★ 黄土高原的社会新风尚
★ 解锁人物背后的环境密码
★ 耳目一新的苏区政府执政能力

八十多年前，当苏区风土人情的长卷徐徐展开的时候，那个勇敢的新闻记者，用他的相机和笔，记录下黄土高原的千沟万壑，记录下苏区军民的精神风貌，记录下苏区政府的执政能力。现在，我们将追随斯诺的足迹，触摸那段激情燃烧的岁月，定格那些渐渐清晰的影像，感受那种惊涛拍岸的震撼，请你也加入这"探访苏区"的奇妙旅程吧！

苏区的自然环境和社会环境、群众基础、政治制度、经济制度、文化建设等将在我们面前次第显影，你能从这一帧帧画面中有所发现吗？本专题也要给大家介绍些阅读名著的策略和方法，或许能帮你品咂出更多的滋味。

★ 一、黄土高原的社会新风尚

环境是人物生活的"土壤",是人物性格形成和发展的依据。古人云:"状难写之景于眼前,含不尽之意于言外。"成功的环境描写,可以交代事件发生的时间、地点、季节、气候及场景等,可以烘托人物心情,可以渲染气氛,还能让人感受到时代的气息,感受到作者心灵深处的情感与思想。

【思考】

1. 作品中,多处描写黄土高原的壮美景象,多处述说黄土高原的社会风貌。一切景语皆情语。在书中标出这样的文字,想象其中的画面,体会其中的情感,结合它们的前后内容,评析它们的表达作用。

2. 纪实作品要求客观描写环境,但所用词语往往富有感情色彩,请你在阅读中标出这样的词语,体会其中蕴含的情感。

【点拨】

下面举个例子。我们翻开作品,读一段环境描写的文字(注:

文字中括号里的内容是编者边读边"猜想"所做的示范。）：

我们走的那条路……穿过的地方却是高高的平原（东北平原、华北平原还是长江中下游平原？），到处有长条的葱绿草地（什么季节的草地是葱绿色的？），点缀着一丛丛高耸的野草和圆圆的山丘，上面有大群的山羊和绵羊在放牧啃草（高耸的野草？这不就是"风吹草低见牛羊"吗？）。兀鹰和秃鹰有时在头上回翔（想起诗句"草枯鹰眼疾，雪尽马蹄轻。""左牵黄，右擎苍，锦帽貂裘，千骑卷平冈。""一代天骄，成吉思汗，只识弯弓射大雕。"）。有一次，有一群野羚羊走近了我们，在空气中嗅闻了一阵，然后又纵跳飞跑躲到山后去了，速度惊人，姿态优美。（马上就想到可可西里了！"羚羊挂角，无迹可寻"的原意是什么？）

当时正好中午要歇脚，我们决定到清凉宜人的溪水中洗个澡。我们下了水，躺在溪底一块长长的平石上，浅浅的凉水在我们身上潺潺流过……头顶上蔚蓝色的天空晴朗无云。（对于城市里长大的人来说，这样的场景只在电影里看过吧？想想都觉得惬意。）四周一片宁静、幽美，几百年来都是这样的，这种奇怪的晌午时分，只使人感到宁静、幽美和满足。

……这个地方风景很美，树木成林……树丛中间尽是大野鸡，有一天，我们看到两只老虎在秋天一片紫金色的山谷中窜过一片空地。（野生虎？《水浒传》《西游记》里都有打虎杀虎的故事，但野生老虎早在二十世纪六七十年代就已在多数省份绝迹。东北虎以前广泛分布于东北林区，《林海雪原》里就有杨子荣打虎上山的故事，电影《智取威虎山》里杨子荣遇虎的场面着实惊心动魄。现在呢，随着生态环境的改善，在2017年建立的黑吉两省交界的东北虎豹国家公园内，本已难觅其踪的野生东北虎目前有三十多只，野生东北豹也达近五十只。）

……这是一个美丽的夜晚，晴朗的夜空闪耀着北方的繁星，在我下面的一个小瀑布流水淙淙，使人感到和平与宁静。（繁星、流水，有动有静，好美的画面。不自觉地想到了王维的诗，那种宁静的感觉。是环境影响了人，还是"以我观物，故物我皆着我之色彩"？）

多么美好的自然风光！这不就是绿水青山、美丽中国吗？是不是有了"世界那么大，我想去看看"的冲动？这到底是哪里呢？大兴安岭、神农架，还是三江源？这种不借助任何材料的阅读，其实是一种莫大的享受，因为你可以尽情地联想和想象，任思绪在文字的旷野中无拘无束地驰骋。这样漫无边际的"猜想"是不是很有趣？如果不小心猜中了什么，你还会特有成就感。那么，这段文字描写的到底是哪里呢？

其实，这是1936年的陕北，是斯诺笔下1936年秋天的陕北。

在生物、物理、化学几个学科的学习中，"猜想"是实验探究的关键。牛顿曾说过："没有大胆的猜想，就做不出伟大的发现。"据说他从一只苹果中猜想出了万有引力定律。其实，猜想本是一个数学术语。数学猜想一般都是经过对大量事实的观察、验证、类比、归纳、概括而提出来的。这种从特殊到一般，从个性中发现共性的方法是数学研究的重要动力。比如"世界三大数学猜想"：费马猜想由十七世纪法国数学家费马提出，三个半世纪后，它的证明于 1994 年由英国数学家安德鲁·怀尔斯完成；四色猜想由毕业于伦敦大学的弗南西斯·格思里于 1852 年提出，它的证明于 1976 年由美国数学家阿佩尔与哈肯借助计算机完成；哥德巴赫猜想由德国数学家哥德巴赫于 1742 年提出，至今尚未解决，被称为"数学王冠上的明珠"，最接近的成果（陈氏定理）于 1966 年由中国数学家陈景润取得。这三个问题的共同点就是题面简单易懂，内涵深邃无比，影响了一代代的数学家。

　　数学猜想也往往成为数学发展水平的一项重要标志：费马猜想产生了代数数论；四色问题通过电子计算机得以解决，从而开辟了机器证明的新时代；哥德巴赫猜想促进了筛法和圆法的发展，尤其是发现了殆素数、例外集合、小变量的三素数定理等。从这个意义上讲，数学猜想不仅是一颗颗"璀璨艳丽的宝石"，而且是一只只"能生金蛋的母鸡"。

　　我们这里所说的"猜想"，当然不是数学猜想，而是指阅读名著中通过联想、想象、质疑闪现出来的思维火花。它是一台发动机，能瞬间点燃你探究的热情，带你驶入专题探究的快车道；它也是一只"能生金蛋的母鸡"，会让你的名著阅读满载而归。所以，我们一起打开书，边读边"猜想"吧。

　　再向你透露一个秘密，这段文字是从《红星照耀中国》中，用"集句"（集句是从已有的不同诗文中选出句子重新组合一首新诗或对联）的方式拼出来的，做了一些简单的连缀，删掉了一些可能泄露地点和人物身份的信息。你可以找一找它们分别出自原著中的什么地方，试着做一些"猜想"；再读读下面几个选段，分析一下它们各自的写法和效果。

选段1

　　这一令人惊叹的黄土地带,广及甘肃、陕西、宁夏、山西四省的大部分地区,雨量充分的时候异常肥沃,因为这种黄土提供了无穷无尽的、有几十英尺深的多孔表土层。地质学家认为,这种黄土是有机物质,是许多世纪以来被中亚细亚的大风从蒙古、从西方吹过来的。这在景色上造成了变化无穷的奇特、森严的景象——有的山丘像巨大的城堡,有的像成队的猛犸,有的像滚圆的大馒头,有的像被巨手撕裂的岗峦,上面还留着粗暴的指痕。那些奇形怪状、不可思议有时甚至吓人的景象,好像是个疯神捏就的世界——有时却又是个超现实主义的奇美的世界。

《红星照耀中国》28 页
《红星照耀中国》(青少版) 23 页

选段2

　　陕西的农田可以说是倾斜的,有许多也可以说是滑溜溜的,因为经常发生山崩。农田大部分是地缝和小溪之间的条状小块。在许多地方,土地看来是够肥沃的,但是所种作物受到很陡的斜坡的严格限制,无论从数和质上来说都是这样。很少有真正的山脉,只有无穷无尽的断山孤丘,连绵不断,好像詹姆斯·乔伊斯的长句,甚至更加乏味。然而其效果却常常像毕加索一样触目。随着阳光的转移,这些山丘的角度陡峭的阴影和颜色起着奇异的变化,到黄昏时分,紫色的山巅连成一片壮丽的海洋,深色的天鹅绒般的褶层从上而下，好像满族的百褶裙，一直到看去似乎深不及底的沟壑中。

《红星照耀中国》61 页

《红星照耀中国》（青少版）50 页

选段 3

毛泽东和他的夫人住在两间窑洞里，四壁简陋，空无所有，只挂了一些地图。比这更差的他都经历过了，但因为是一个湖南"富"农的儿子，他也经历过比这更好的。毛氏夫妇的主要奢侈品是一顶蚊帐。除此之外，毛泽东的生活和红军一般战士没有什么两样。做了十年红军领袖，千百次的没收了地主、官僚和税吏的财产，他所有的财物却依然是一卷铺盖，几件随身衣物——包括两套布制服。他虽然除了主席以外还是红军的一个指挥员，他所佩的领章，也不过是普通红军战士所佩的两条红领章。

《红星照耀中国》73 页

《红星照耀中国》（青少版）60 页

一九三六年七月十六日，我坐在毛泽东住处里面一条没有靠背的方凳上。时间已过了晚上九点，"熄灯号"已经吹过，几乎所有的灯火已经熄灭。毛泽东家里的天花板和墙壁，都是从岩石中凿出来的，下面则是砖块地。窗户也是从岩石中凿出的，半窗里挂着一幅布窗帘，我们前面是一张没有上油漆的方桌，铺了一块清洁的红毡，蜡烛在上面毕剥着火花。毛夫人在隔壁房间里，把那天从水果贩子那里买来的野桃子制成蜜饯。毛泽东交叉着腿坐

在从岩石中凿成的一个很深的壁龛里,吸着一支前门牌香烟。

《红星照耀中国》89 页

《红星照耀中国》(青少版)72 页

选段 4

　　列宁室的墙报可以使人相当深入地了解士兵的问题和他们的发展情况。我把许多墙报详细记下来,翻译成英文。预旺堡二师三团二连列宁室的九月一日的一张墙报是有代表性的。它的内容包括:共产党和共青团每天和每星期的通告;两篇新识字的人写的粗糙稿件,主要是革命的勉励和口号;红军在甘肃南部获得胜利的无线电新闻简报;要学唱的新歌;白区的政治新闻;最使人感到兴趣的也许是分别用来进行表扬和批评的红栏和黑栏了。

　　"表扬"的内容是称赞个人或集体的勇气、无私、勤劳和其他美德。在黑栏里,同志们互相进行严厉的批评,并批评他们的军官(指名道姓的),例如说没有把步枪擦干净,学习马虎,丢掉一颗手榴弹或一把刺刀,值勤时抽烟,"政治落后","个人主义","反动习气",等等。在有一个黑栏上,我看到一个炊事员因把小米煮得"半生不熟"而受到批评;在另一个黑栏里,一位炊事员揭发一个人"老是抱怨"他烧的饭不好吃。

《红星照耀中国》291 页

《红星照耀中国》(青少版)236 页

　　《红星照耀中国》是纪实文学作品,文中的环境描写当然不会像散文、小说等其他文学作品那样浓墨重彩,但书中也不时出现对苏区自然环境、社会环境的描绘，多有令人称道之处：

第一，联想与想象齐飞。作家在创作中为了表达的需要经常运用比喻、比拟、夸张等修辞方法和比兴、象征等表现手法，这些都离不开联想与想象。选段 2 中，在从安塞去保安的路上，面对着连绵不断、无穷无尽的断山孤丘，斯诺感到极度乏味，不由得联想到了詹姆斯·乔伊斯的长句。詹姆斯·乔伊斯是爱尔兰著名小说家，他的代表作意识流小说《尤利西斯》，大量的内心独白专注于表现人物内心深处的火花掠过大脑时隐约间传递出的无数信息，语言形式也变化多端，最后一章，中译本长达 57 页，居然没有一处标点，让人读得喘不过气来。斯诺在这里用乔伊斯的长句来形容陕北的丘陵山脉，恰如其分地刻画出了单调得令人备感乏味的沿途风景，有力地强调了"乏味"的程度。

选段 1 中，斯诺在从洛川前往延安的路上，进入了黄土塬区，千沟万壑、支离破碎的特殊自然景观给他带来了十分新奇的感受。他用"巨大的城堡""成队的猛犸""滚圆的大馒头"这些生动的想象，勾勒出了黄土高原独特的地貌，既有雄浑恢宏的气势，又不乏浪漫奔放的气息。"有的像巨手撕裂的岗峦，上面还留着粗暴的指痕"更是神来之笔，把厚层黄土经流水长期强烈侵蚀的特殊地貌精准还原，确实像斯诺自己所说的"那些奇形怪状、不可思议有时甚至吓人的形象，好像是个疯神捏就的世界"，令人不得不佩服大自然神奇的伟力。

刘勰在《文心雕龙·神思》中写道："文之思也，其神远矣。故寂然凝虑，思接千载；悄焉动容，视通万里；吟咏之间，吐纳珠玉之声；眉睫之前，卷舒风云之色。"大意是：文章的构思，作家的思绪总是飞驰得很远的。所以作家静静地思考，可以联想到千年之前；悄悄地转动眼珠，视线就到了万里以外。作家在吟咏推敲之中，就像听到了珠玉般悦耳的声音；当他注目凝思，眼前就出现了风云般变幻的景色。由此可见，有了联想与想象，作品才会生动鲜活，更具感染力。

第二，静态与动态交融。最妙的景致，是有灵动之美。要把这美写出来，一个主要的手段就是动静结合，以静来凸显动的活力与灵动，以动来衬托静的柔婉与淡雅，正所谓"静如处子，动如脱兔"，动与静相辅相成，相得益彰，相映成趣。

选段 2 中，虽然连绵不断的断山孤丘令人感到乏味，但斯诺的艺术素养使他从色彩的角度有了全新的感受——"其效果却常常像毕加索一样触目"。毕加索是西方现代派绘画的主要代表，是当代西方最有创造性和影响最深远的艺术家，是二十世纪最伟大的艺术天才之一。他的画作风格变化多端，造型手段丰富，在空间、色彩与线条的运用上不拘一格。色彩的运用方面，早期蓝色主宰了他的作品，然后玫瑰红成为他画布上主要的颜色，后来又转向了褐黄色、灰褐色。而眼前的陕北高原，蓝色的天空、火红的太阳、黄褐色的山丘、灰黑色的阴影，像极了毕加索绘画不同时期的色调。

前面写静态的景物，之后如果还是静态的景物，斯诺不觉得乏味，恐怕读者也会感到乏味了。接着斯诺笔锋一转，勾勒了一幅随着光影转换而色彩不断变化的高原全景图。随着阳光的转移，陕北高原山丘的阴影和颜色也在起着奇异的变化——画面动起来了。夕阳西下，光影在幻化，本是静态的紫色的山巅，竟犹如涌动的大海的波涛——化静为动。山丘的褶层也有了天鹅绒般的质感，向着看去似乎深不可及的沟壑中延伸下去——还是化静为动。这变幻莫测、奇伟瑰丽的高原全景，简直就是一张张带有奇幻色彩的超现实主义油画。斯诺用他动静相宜的文字描绘出了宛若大师画作的意境，不仅体现出他深厚的艺术素养，也展现了他非凡的写作才华。

第三，全景与特写并举。 全景与特写是摄像技术最普遍应用的两个手段，全景可以让人观其全貌，特写则是突出和强调细节的重要手段。选段3描写了毛泽东的住处，是典型的社会环境描写。两段文字可以为我们合成中华苏维埃主席住所的全景式印象：两间窑洞，天花板、墙壁、窗户都是从岩石中凿出来的（凿出来的痕迹清晰，可见没有装饰），砖块地，除了桌椅没有家具（睡的应该是土炕不是床），房间里最贵重的是一顶蚊帐。所有财物是一卷铺盖，几件普通的随身衣物。他本可以住得更好，因为他"做了十年红军领袖，千百次的没收了地主、官僚和税吏的财产"，也因为他"是一个湖南'富'农的儿子，他也经历过比这更好的"。

选段中还有两处值得注意的特写镜头：一处是"没有靠背的方凳"，另一处是"没有上油漆的方桌"。这两个看似不起眼的特写镜头和全景镜头一起，让我们深切地感受到毛泽东的艰苦朴素、勤俭节约。他愿与人民同甘共苦，不追求物质生活的享受。（不仅是延安时期，新中国成立后也一直如此。）

关于窑洞，本书中另有一处社会环境描写，我们可以用来进行对照。"在这里，虽然到处可以看见田畴和耕地，却难得看见房屋。农民们也是在那些黄土山里藏身的。在整个西北，多少世纪以来已成了习惯，都是在那坚硬的淡褐色的山壁上掘洞而居的，中国人称之为'窑洞'。可是这种窑洞同西洋人所说的洞穴并不是一回事儿。窑洞冬暖夏凉,易于建造,也易于打扫。就连最富有的地主,也往往在山上挖洞为家。有些是有好几间屋子的大宅,设备和装饰华丽,石铺的地板,高敞的居室,光线从墙上的纸窗透进室内,墙上还开有坚固的黑漆大门。"发现没有,窑洞原来也可以很奢华的! 另外,我们从本书第一篇《探寻红色中国》中读到两句话:"我在一所新近竣工、耗资五万的巨石宅第里会见了杨将军。当时他没有带着太太而是单身住在这所有着多间寝室的拱顶建筑物——绥靖公署主任的官邸里。""邵主席在他那宽敞的衙门的花园里接见我,经过尘土飞扬的西安街头的酷热之后,分外觉得那里凉爽舒适。"现在看来也绝不是闲笔。

  选段4的内容堪称"以小见大"的典范。首先是对列宁室墙报内容的全景式扫描:有政治宣传,如新闻、通告,红军胜利的消息不足为怪,居然还有白区的政治新闻(可惜没有写具体内容);有文化生活,如要学唱的新歌;有学习成果,如两篇新识字的战士的稿件。接着是对"红栏和黑栏"的特写,表扬先进,批评后进。把"全景"和"特写"综合起来可以看出,红军部队对战士们思想、文化教育的高度重视,用这种简单朴素的形式,及时反映出红军战士们思想、文化等多方面发展的动态,并让战士们互相督促,共同进步。联系上下文,红军战士们每天的作息极有规律,活动丰富多彩,除了吃饭和休息,有早操、军事训练、政治课、识字课、运动、唱歌和开小组会,列出来和我们学校的课表差不多,中间四项都是两小时的"大课",所有内容都是要突出一个主题:"所有这些活动,使士兵们十分忙碌而又十分健康。"

红军军校剧场

红色苏维埃的工人俱乐部

苏区图书馆（1937年版 插图）

【探究】

1.选段中还有一个小细节你注意到了吗？"在黑栏里，同志们互相进行严厉的批评，并批评他们的军官（指名道姓的）"，有没有感觉到一种官兵平等、民主的氛围？想想斯诺为什么特别注明是指名道姓的？你可以把这两段文字，结合第三篇中"红军剧社"的内容，探讨苏区形成的社会新风尚"新"在哪里，苏区为什么在战火纷飞的年代能够形成这么美好的社会风尚。

2.书中还有很多自然环境描写和社会环境描写，各具特色，各尽其妙。它们展现了斯诺新闻触觉的敏锐以及捕捉细节的能力。你可以找出几处，先做些"猜想"，再试着分析它们的表达效果。

★ 二、解锁人物背后的环境密码

上一节我们对苏区的自然环境和社会环境有了一定的了解，和自然环境比较而言，社会环境要复杂得多了。文学意义上的社会环境包括人物的生活环境（建筑、场所、陈设等人工环境）、当地的民俗民风、人与人之间的社会关系以及事件发生的时代背景等等。它的范围可大可小，大至时代风云、社会变迁，小至亭台轩榭、锅碗瓢盆。人物生活的环境、风土人情比较容易发现，如上一节的选段3和选段4，社会关系、时代背景就没那么容易了，因为很多情况下它是"隐形"的，可能隐藏在事件的叙述中，也可能隐藏在对人物的描写中。

【思考】

读懂纪实作品，需要了解所记史实的时代背景和当时社会中的各种人际关系。那么，阅读这部作品我们随着下面的[点拨]开始深度解读吧。怎样去寻找作品里的社会关系、时代背景呢？

【点拨】

有一部叫《读心神探》的电视剧,讲的是一个警探擅于"读心",凭借微表情和肢体语言洞悉疑犯的真实心理活动,从而识破谎言破案的故事。根据行为心理学研究,人的身体(生理)和思想(心理)是一枚硬币的两面,人的任何一种思想活动都能引起身体发生相应的生理反应,比如:只要兴奋起来或者产生兴趣,人的瞳孔就会自然而然地放大;想象事物和回忆事物的思维过程会导致眼珠表现出不同的运动方式;当别人在说谎或者努力克制某种情感的时候,他们眨眼的时候眼睛闭上的时间会比在说真话时更长……因此,只要练就一双慧眼,通过这些举止神态,就能察觉这背后的心理和情感。

我们这里借用"读心"这个名词,主要是指在阅读名著时,通过品味具体的文字,如作者所叙述的事件,所描写人物的语言、行动、神态,去探察它们背后隐藏的东西,"读"出作者的"心":他不仅是在写人写事,也是在写社会环境。

下面就用一个简单的示例,还原一下边读边思考的"读心"过程(可以海阔天空,信马由缰,不必总是像做阅读题似的一板一眼地分析文本,那会失去很多阅读的乐趣。上节的"猜想"主要是疑问和猜测,本节的"读心"更多是感受。由于都是关注事件,关注人物,所以对社会环境的感受和对人物的感受会混杂在一起):

一天早晨,王牧师(书上注他的真名是董健吾,应该也是个不平凡的人,要查查他的资料)同一个东北军军官,或者至少是个穿着东北军军官制服的年轻人一起来见我。(用"至少"

一词,表明斯诺对这个人的身份表示怀疑。"穿着东北军军官制服"应该是在掩人耳目,可见当时苏区和东北军是秘密接触的。)他建议我们到西安城外汉朝古城遗址一游。在旅馆外面有一辆挂着窗帘的汽车等着我们,我们进了汽车以后,我看到里边坐着一个戴一副墨镜,身穿一套国民党官员穿的中山装的人。(很奇怪!正常的情况应该介绍双方认识吧?除非这个人无足轻重。)我们驱车前往汉朝一个皇宫的遗址,在那里,我们走上了有名的汉武帝坐在他的御殿里君临天下的隆起的土堆……

　　王牧师和那个东北军军官有几句话要说,所以他们站在一旁去说话了。(就像相亲时介绍人借故出去一样吧。后来查资料意外地发现,邓小平和卓琳、毛泽民和朱旦华的婚姻,都是邓发牵的红线。)那个国民党官员在我们坐汽车出来的尘土飞扬的路上一直坐在那里没有说话,这时向我走了过来,卸下墨镜,摘掉白帽。(重要人物出场了!上文果然没有闲笔。)我这才看出他相当年轻。他的一头黑油油的浓发下面,一双闪闪发光的眼睛紧紧地盯着我,他的青铜色的脸上露出了恶作剧的笑容(孩子气!),在他卸掉那副墨镜以后,你一眼就可以看出,他的制服是件伪装,他并不是个坐办公室的官僚,而是个户外活动的人。("户外活动的人"是怎么看出来的?是青铜色的脸,还是摘掉墨镜后精猛的状态?)他中等身材,看上去力气不大,所以当他走过来,突然一把抓住我的胳膊时,我没有想到他的手像铁爪子似的那么有力,不禁痛得退缩了一步。(这样的力量是怎样练成的?应该是行伍出身,每天训练的结果。)我后来注意到,这个人的行动有一种黑豹的优美风度(这是一种怎样的风度？读完这章后，查查"黑豹"的文化内涵），在那套硬邦邦的制服底下，一点也不失轻巧矫捷。（这一定是个非同凡响的人物！）

他把脸凑近我，露出笑容，锐利的眼光（什么样的人眼光是锐利的？我的班主任？）紧紧地盯着我，把我的两条胳膊紧紧地握在他的那双铁爪子中，然后摇摇脑袋，滑稽地噘起了嘴，向我眨着眼！"瞧瞧我！"他低声说，好像一个有什么秘密的孩子一样高兴。"瞧瞧我！瞧瞧我！你认出我来了吗？"（这段细节描写很精彩。一定是个非凡的人物！多孩子气的举动啊！这种"孩子气"仅仅是因为年轻吗？）

我不知道这个人是怎么回事。他兴奋地不知在说些什么东西，结果这种兴奋情绪也感染了我，但是我觉得很尴尬，因为我不知说什么才好。认出他来了吗？我这一辈子从来没有遇到过像他那样的中国人！（斯诺所说的"那样"是哪样？长相吗？）我抱歉地摇摇头。

他从我的胳膊上松开一只手，用手指指着他的胸膛。"我以为你可能在什么地方见过我的照片，"他说，"我是邓发，"他告诉我说——"邓发！"他的脑袋像后一仰，看着我对这个炸弹的反应。（不厌其烦地描写邓发的孩子气！"炸弹"这个词用得好！）

邓发？邓发……哦，邓发是中国共产党秘密警察的头子。（果然是个非凡的人物！秘密警察？类似于007和FBI吗？等下要查查这是个什么部门。）而且还有，悬赏五万元要他的首级！（毛泽东、朱德、彭德怀的赏格是多少？）

邓发泄漏了他的身份以后高兴得跳了起来。（秘密警察的头子？和他孩子气的举动多不相称！）他按捺不住自己，对目前这种情况感到好玩：他，这个鼎鼎大名的"共匪"，就生活在敌营中心，不把到处追缉他的特务放在眼里。（上上人物！气质非凡！）他看到我，一个自告奋勇到"匪"区去的美国人感到很高兴——不断地拥抱我。他什么都愿意给我。我要他的马吗？啊，他的马好极了，红色中国最好的马！我要他的照片吗？他收集得不少，都可以给我。我要他的日记吗？他会带信到仍在苏区的妻子，把这一切，还有别的东西都给我。他后来真的没有食言。（言而有信！真实的热情，不是虚伪的客套。）

真是个你意想不到的中国人！真是个你意想不到的赤匪！（再次感叹，而且是连续感叹，对这个"中国人""赤匪"的欣赏之情溢于言表。）

邓发是个广东人，出身工人阶级家庭，曾经在一艘来往于广州与香港之间的轮船上当西餐厨师。（后来查资料得知，周末他有时间就会让战友"打牙祭"，做广东名菜白切鸡、烤乳猪，手艺好得让人啧啧赞叹。1996年，杨尚昆在"四八"烈士牺牲五十周年之际回到延安时还指着一口井告诉大家："当年邓发就是在这口井旁边烤乳猪给大家吃的！"）他是香港海员大罢工的一个领导人，被一个不喜欢罢工的英国警察打伤了胸口，折断了几乎全部肋骨。他接着就成了共产党，进了黄埔军校，参加了国民革命，一九二七年以后到江西参加了红军。（也许是下面"一个多小时"谈话中提到的，也许是国民政府的通缉令上提到的,也许是在苏区采访时了解到的。如果之后两人还有见面的机会,也许这里就不会插叙这一段了,可以设置一个悬念:谜一样的人!)

我们在那个土堆上站了一个多小时,(为什么在这里会面?一个可以不受打扰的密谈的地方,可以看出当时苏区、东北军、国民政府的复杂关系。)……邓发告诉我由谁护送我去红区,我一路怎么走,我在红色中国怎么生活,并且向我保证在那里会受到热烈欢迎。(邓发亲自出马,并安排得井井有条,不愧是"秘密警察的头子",也足见苏区对斯诺的重视程度。)

"你不怕丢掉你的脑袋吗?"我们坐车回城里去的时候我问他。

"不比张学良更怕,"他笑道,"我同他住在一起。"(结尾漂亮!戛然而止,余音绕梁,令人回味。)

你从这段"读心"的过程中看出社会环境了吗?有几处,但不多,是不是?别急,我们先来聚焦一个词。

这段文字中有一个惹眼的词是"黑豹"。提起"黑豹",你会想起什么呢?是被称为"全能冠军"的丛林之王,是中国摇滚乐队的一面旗帜,还是漫威世界的超级英雄?自然界里号称"全能冠军"的黑豹,奔跑速度非常快,时速可达八十公里。同时它四肢矫健,力量十足,既会游泳,又会爬树,是猫科动物里为数不多的可以适应各种不同环境的动物。俗话说"熊心豹子胆",足以证明豹子的勇敢。纵观全球各地文明史,大抵都将豹视为勇敢者的象征。

专题三　跟着斯诺探访苏区

你能归纳出"黑豹"在文化层面有什么特质吗？再结合文本看看，邓发为什么会被斯诺形容成"有一种黑豹的优美风度"呢？直观的"肤色黑"是必然的，冬练三九，夏练三伏，那种晒出来的健康的"青铜色的脸"；他健硕的体魄，力量充沛到似乎要破衣而出的饱满；他的"豹子胆"，"就生活在敌营中心，不把到处追击他的特务放在眼里，岂止是特务，是不把西北几十万大军放在眼里，张学良的东北军十三万，杨虎城的西北军四万，不断调集的中央军后来有十多个满员师十万人左右；他的渴望，战斗的渴望，当然这源自他的共产主义理想……

邓发的黑豹特质和社会环境又有什么关系呢？接下来就说说这次会面背后能看出什么。我们先来读一段材料：

> 原来斯诺想去陕北苏区采访红军，但苦于没有门路，他突然想到了在上海的朋友宋庆龄，于是，斯诺立即从北平赶赴上海找到了宋庆龄，要求她帮助设法联系红军。正巧最近从陕北传给宋庆龄一封信，请求她选派一名医术高明的大夫前往延安，以解决苏区缺医少药的问题，同时最好能安排一名西方记者去陕北采访，真实报道苏区的情况，以冲破国民党的新闻封锁，宣传中共的抗日民族统一战线政策，扩大红军的影响。宋庆龄已经选好了马海德大夫，斯诺的到来也解决了记者人选问题。
>
> 关于联络护送斯诺去延安的人选，宋庆龄想到了董健吾。因为董健吾刚从陕北回来不久，也是宋庆龄安排他充当一次国共合作的密使，可以说是熟门熟路。他又和张学良是好朋友，

之前宋庆龄还专门找到孔祥熙为董健吾发了一个"财政部西北经济专员的委任状"和孔祥熙签发的特别通行证。适合做这一次的特使。于是,她对斯诺说:"你去西安,到时候有一个王牧师与你联系。"并当场确定了联络方式和暗号。斯诺走后,宋庆龄马上把董健吾找来安排一番。董健吾接到任务后,立即辞别宋庆龄,赶赴西安。到西安后,他从西京招待所旅客登记簿上查到了斯诺住的房间,接上了头。

从这段材料中可以看出,苏区非常重视斯诺的这次采访,因为通过斯诺真实报道苏区的情况,能够"冲破国民党的新闻封锁,宣传中共的抗日民族统一战线政策,扩大红军的影响"。苏区信任宋庆龄,也信任她推荐的斯诺能够如实报道苏区的真相。所以苏区派邓发这样一个重要的领导人亲自来与斯诺会面,并对他如何去苏区作了周密的安排。而让斯诺了解苏区的真实情况,首先就是不矫饰,不造假。邓发在年龄相仿、同是年轻人的斯诺面前,完全呈现出了自己的真性情,包括他孩子气的一面,可谓开诚布公,以诚相待!要知道,作为中国共产党早期最重要领导人之一,邓发的孩子气可不是谁都能看到的!而且,生活在敌营中心,最重要的就是不引人注目,锋芒内敛,而不是让人一看就是"黑豹"!

这样来看,文中对邓发的描写,居然暗示着苏区对斯诺的态度——充满信任和热烈欢迎,这可是斯诺去苏区的极其重要的"环境",是他的采访能否顺利开展的关键!是不是很神奇?

斯诺接触到的第一个苏区的人(他自己认为)就是个"我这一辈子从来没有遇到过像他那样的中国人"。可以肯定地说,这次

革命保安部门负责人邓发

会面,改善了斯诺对苏区的印象,增加了斯诺对苏区的好感,提升了斯诺对苏区的兴趣!(资料库"人物名片"中给你提供了一段关于邓发的资料,你可以和书中对邓发的描写进行比较,看看邓发的气质和他的经历有怎样的联系。)而我们读者,也能从中看出苏区对斯诺的态度。关于这一点,你还可以从书中再去找一找,比如苏区的领导人毛泽东、周恩来、林伯渠、徐特立、彭德怀、徐海东等,他们对斯诺的态度如何?有没有什么共同点?最有趣的段落是第十篇里"保安的生活"和"别了,红色中国"两章,你千万不要错过!

　　苏区对斯诺的态度如此,那么,苏区其他的社会关系是什么样的呢?比如,政府、红军对老百姓是什么态度?农民、工人等不同阶层对苏区政府的态度又如何呢?他们对苏区的经济、政治文化等方面的政策、措施满意吗?而这些,都构成了斯诺即将看到的"社会环境"。

当然,这恰恰也是斯诺非常感兴趣的。我们再读读以下两个选段:

选段1

  他开始一一说村子里的人的罪名。他们参加了贫民会,他们投票选举乡苏维埃,他们把白军动向报告给红军,他们有两家的儿子在红军里,另一家有两个女儿在护士学校。这不是罪名吗?他向我保证,随便哪一个罪名就可以把他们枪决。

  这时一个赤脚的十几岁少年站起来,他一心注意讨论,忘记了有洋鬼子:"老大爷,你说这是罪名?这是爱国行为!我们为什么这样做?难道不是因为红军是穷人的军队,为咱们的权利在打仗?"

  他热烈地继续说:"咱们国家以前有过免费学校吗?红军把无线电带来以前咱们听到过世界新闻吗?世界是怎么样的,有谁告诉过咱们?你说合作社没有布,但是咱们以前有过合作社吗?还有你的地,从前不是押给了王地主吗?我的姊姊三年前饿死了,但是自从红军来了以后,咱们不是有足够的粮食吃吗?你这说苦,但是如果咱们年轻人能学会识字,这就不算苦!咱们少先队学会开枪打汉奸和日本,这就不算苦!"

  ……那个青年一口气说完以后不响了。我看了一眼胡金魁,看到他脸上露出满意的笑容。几个别的农民也连声称是,他们大多数人都面露笑容。

  谈话一直快到九点,早已过了上床的时间,使我感到兴趣的是,这次谈话是在胡金魁面前进行的,农民们似乎并不怕他是个共产党的"官员"。他们似乎把他看成是自己人——而且,看成是一个农民的儿子,他确实也是农民的儿子。

《红星照耀中国》248 页

《红星照耀中国》(青少版)201 页

选段 2

对吴起镇这些工人来说,不论他们的生活是多么原始简单,但至少这是一种健康的生活,有运动、新鲜的山间空气、自由、尊严、希望,这一切都有充分发展的余地。他们知道没有人在靠他们发财,我觉得他们是意识到他们是在为自己和为中国做工,而且他们说他们是革命者!因此,我了解为什么他们对每天两小时的读书写字、政治课、剧团非常重视,为什么他们认真地参加在运动、文化、卫生、墙报、提高效率方面举行的个人或团体的比赛,尽管奖品很可怜。所有这一切东西,对他们来说都是实际的东西,是他们以前所从来没有享受过的东西,也是中国任何其他工厂中从来没有过的东西。对于他们面前所打开的生活的大门,他们似乎是心满意足的。

……朱作其这样做是有点戏剧性的,是本着一种殉道者和热心家的精神。对他来说,这是一件严肃的事。意味着早死,他以为别人也这么想。我相信,当他看到周围居然嬉嬉闹闹,大家都高高兴兴的,他一定感到有点意外。当我问他有什么感想时,他严肃地说,他只有一个意见:"这些人花在唱歌的时间实在太多了!"他抱怨说。"现在不是唱歌的时候!"

我认为这一句话概括了陕西苏区这个奇特的"工业中心"的年轻气氛。他们即使缺乏社会主义工业的物质，却有社会主义工业的精神！

《红星照耀中国》258 页

《红星照耀中国》（青少版）209 页

【点拨】

　　从这两段文字中，我们都能了解苏区的群众基础——农民和工人对苏区政府的态度，但斯诺的写法截然不同。

　　选段1是从"人物（农民群体）本身对生活状况的态度、价值判断"的角度写的，信息量很大。首先是那个十几岁赤脚少年话语中的活生生事实，苏区农民有了自己的土地，有足够的粮食满足温饱；有免费学校让农村的年轻人学会识字；有无线电让农民了解到世界是怎样的；有合作社让农民可以方便地买到生活必需品；让少先队员学会开枪保卫自己的家园。那句"咱们国家"，和咱爸咱妈一样，有没有一种亲切的归属感？那句"难道不是因为红军是穷人的军队，为咱们的权利在打仗？"能感觉到对红军满满的信赖。

　　再看看斯诺用的句式，一气呵成的连珠炮般的反问让人难以招架，中间夹杂着感叹句，感情的充沛和强烈几乎能掀翻屋顶。我们都知道反问是无疑而问，表面看来是疑问的形式，但实际上表达的是肯定的意思。反问的语气要比直陈句强劲有力，再和排比同时使用，气势十足，能够表达鲜明的爱憎态度，并奠定一种激昂的感情基调。你可以多读几遍，体会其中的情感，如果能大声朗读出来就体会得更深了。

再看看其他来和斯诺聊天的农民。（从文中看不出他们为何会来，是《桃花源记》中描述的那种热情好客的传统，是对"洋鬼子"好奇来看看西洋景，是和斯诺同行的胡金魁特意请来的进步农民，还是斯诺要求胡金魁请来的邻居？）从他们的话语中可以看出，他们都够了被白军枪决的"罪名"，他们参加了贫民会，他们投票选举乡苏维埃，这是支持苏区政府的工作，没有人用枪逼着他们；他们把白军动向报告给红军，这是公然"通匪"了，可能还用过鸡毛信；他们有两家的儿子在红军里，另一家有两个女儿在护士学校，这可不是"通匪"了，儿女就是"匪"，而且是"我自己把他送去的"（上文中房东所说），再联系他们之前所说的白军到来时的卖闺女、坐牢、被枪杀等悲惨遭遇，他们对苏区政府的态度就一目了然了。

有两个细节值得注意：一个是"几个别的农民也连声称是，

中国战斗着的红色农民

红色合作社

"穷人也要读书"

他们大多数人都面露笑容",少年的话使他们心生欢喜,这是在红军与白军鲜明对比下的真情流露;另一个是"这次谈话是在胡金魁面前进行的,农民们似乎并不怕他是个共产党的'官员'。他们似乎把他看成是自己人——而且,看成是一个农民的儿子,他确实也是农民的儿子",我们可以设想一下,如果跟斯诺来的是个"白军",农民们来不来,怕不怕?他们敢不敢这样轻松地交谈?会不会都"面露笑容"?显然,农民们是衷心拥护和支持苏区政府的,尤其是那些学会了识字和开枪的少先队员们。

选段2则是从"文本叙述者(斯诺)在叙述过程中对工人生活情形的介绍、评论"的角度写的。苏区的工人群体"几乎全部都是甘肃、陕西、山西人"(兵工厂除外,大多数机工来自外地),而且"除了兵工厂和军服厂之外,大多数工人是十八岁到二十五岁或三十岁的年轻妇女"。斯诺已经做了精要的概括,我们再提炼出几个关键点:与中国其他地区尤其是斯诺所了解的上海工人相比,他们生活健康,有自由,有尊严,有希望;有主人翁的意识,有革命者的觉悟。他们对目前的生活心满意足,这心满意足的体现就是"这些人花在唱歌的时间实在太多了"!所以斯诺最后总结说,吴起镇这个苏区的工业中心有"年轻气氛",有"社会主义工业的精神"!苏区政府给了他们所向往的一切,他们对苏区政府态度又会如何呢?结论不言自明。

这两个选段,无论是"人物对某些事件的态度、价值判断",还是"文本叙述者在叙述过程中对某种生活情形的介绍、评论",都不是直接写社会环境,在文本中的呈现方式相对隐性。这样,我们就需要"读心"了,"读心"是一把金钥匙,让我们从看似是叙述事件、描写人物的文段中，解锁其中的文字密码，推断出隐含的相关信息，全面把握苏区的社会环境。你也试着用"读心"的方法，去解锁本书中其他的环境密码吧。

【探究】

　　作品中，作者或以对话，或以独句，或以场面，或以细节，让我们认识苏区不同年龄、不同身份的众多人物，听到这样那样的故事。这些人物的言谈举止、神态动作，这些故事的来龙去脉，折射出一个祥和的社会景象。请从中找出两三个例子，分析它的表达的艺术和蕴含的情感。

★ 三、耳目一新的苏区政府执政能力

上一节我们解锁了苏区的社会环境密码，了解了苏区的群众基础，这一节我们就探究一下苏区政府为什么能有这样良好的群众基础。因为不是在写研究论文，所以和前两节一样，只是给大家举几个例子，提供一些阅读的思路、角度和方法，真正的探究工作，要大家自己去阅读，去思考，去得出结论。我们举的例子，只是作品中的"冰山一角"，大家可以去作品中发现具有同等价值甚至更有价值的内容，来支持自己的思考和结论。

要探究"苏区政府为什么能有这样良好的群众基础"，首先要搜集文本证据。限于篇幅，我们只摘出其中几条（有删减）：

（一）每一乡苏维埃下设各种委员会。权力最大的委员会是革命委员会，那往往是红军占领一个乡以后经过一阵紧张的宣传运动再举行群众大会选出来的。它有决定选举或改选权，同共产党合作紧密。乡苏维埃下面设教育、合作社、军训、政训、土地、卫生、游击队训练、革命防御、扩大红军、农业互助、红军耕田等等委员会，由乡苏维埃指派。苏维埃的每一分支机构中都有这

种委员会，一直到负责统一各项政策和作出全国性决策的中央政府。

（二）现在，红军不论到哪里，他们都毫无疑问地根本改变了佃农、贫农、中农以及所有"贫苦"成分的处境。新区在第一年就取消了一切租税，使农民有透口气的机会，在老区里，只保留一种单一的累进土地税和一种单一的小额营业税（百分之五到十）。其次，他们把土地分给缺地的农民，大片大片地开"荒"——多数是在外或在逃地主的土地。第三，他们没收有钱阶级的土地和牲口，分配给穷人。

（三）村、乡、县、省各级都组织消费、销售、生产、信用合作社。它们的上面则是合作社总局，属财政人民委员和一个国民经济部门领导。这些合作社的组成方式的确是为了鼓励社会的最底层参加……对于经营得法的给予各种奖励，并且对农民进行了关于合作社运动好处的普遍宣传和教育。政府除了提供技术援助以外，也提供财政上的援助，政府在分红的基础上参加经营，像普通社员一样。在陕西和甘肃两省的合作社里，政府已投下了约七万元的无息贷款。

（四）除了边境各县也通用白区纸币以外，一律只流通苏区纸币……在稳定的苏区，苏币几乎是到处都被接受的，而且有十足的购买力，物价一般比白区略低……苏币似乎因为人民信任政府和在市场上有实际购买力而站稳了脚跟。

（五）我们的预算订得很仔细，尽力节约。因为苏维埃人员每个人都既是爱国者又是革命家，我们不要工资，我们只靠一点点粮食生活，我们预算之小可能令你吃惊。这整个地区，我们目前的开支每月只有三十二万元。不论从货币还是货物的价值计算都是这样。此数中有百分之四十到五十来自没收，百分之十五到二十自愿捐献，包括党在白区支持者中间募得的款项。其余的收入来自贸易、经济建设、红军的土地、银行给政府的贷款。

（六）他们向列宁俱乐部、共青团、游击队、村苏维埃送插图简单粗糙的识字课本，帮助群众团体组织自学小组，由一个共产党员或者识字的人担任组长。年轻人，有时甚至是上了年纪的农民一开始朗读短句，就在认字的同时吸收了其中的思想。

（七）在结婚、离婚、遗产等方面的改革，按照中国其他地方的半封建法律和习惯来看，本身就是很激进彻底的。婚姻法里有这样的有趣规定：禁止婆婆虐待媳妇、买卖妻妾以及"包办婚姻"的习惯。婚姻必须取得双方同意，婚龄提高到男子二十岁，女子十八岁，禁止彩礼，到县、市、村苏维埃登记结婚的，发给一份结婚证书，不取任何费用……如果夫妻双方有任何一方"坚决要求"就可以到苏维埃登记处离婚，不需任何费用，但红军的妻子须得到男方同意才可离婚。离婚双方财产均分，双方都有法律义务抚养子女，但债务却由男方单独负担，他并有义务提供子女三分之二的生活费。

苏区政府建立健全了各级组织机构，并制定和实施了适合苏区实际的一系列正确的方针政策，在国民党政府的重重封锁下千方百计发展经济、保障供给、改善民生，得到了广大农民的衷心拥护。我们在通读作品时要对相关内容做好圈点勾画和批注、摘录，并进行分类整理。你发现上面摘录的七个选段有什么内在联系了吗？

　　细心的读者已经发现，上面的选段都是苏区政府制定并实施的制度、政策，但也有区别，其中（一）是政治制度，（二）既有税收政策，也有土地政策，（三）是商业政策，（四）是货币政策，（五）是财政政策，（六）是教育政策，（七）是婚姻政策。把书中苏区政府的制度、政策做一番梳理和汇总，就可以勾勒出一幅"苏维埃社会"的全景：

　　这是一个由中国共产党领导的、有远大理想、有奋斗目标的新型人民政权，它没收了地主土地，取消了各种苛捐杂税，消灭了封建剥削，人民过着"农村平均主义"的生活；

　　政府组织结构是代议制政府，具有农村无产阶级的民主专政性质；官兵平等，"从最高级指挥员到普通士兵，吃的穿的都一样"，"共产党没有高薪和贪污的官员和将军"，领导人也仅比普通士兵多五元的生活津贴，过的是一种共产主义生活；

　　人民被普遍组织起来，青少年、妇女、成年农民各得其所；经济体制方面"市场资本主义、国家资本主义、原始社会主义"并行，其中大力推动的合作社运动具有社会主义性质；除了边境各县通用白区纸币外，一律只流通苏区纸币，苏币有十足的购买力，物价一般比白区略低；

　　政府的收入来源主要是没收和自愿捐献；教育方面政府、红军、党组织都在尽力开办学校，红军学校的重点是军事教育，社会教育的重点是政治方面的，每个人都在学习文化；整个苏区充满了积极向上的乐观主义精神和斗志昂扬的进取精神，政府和红军受到人民的热爱和欢迎，是百姓口中"我们的军队""我们的政府"，这是一个中国历史上从不曾出现过的新型红色社会，这是无边暗夜中的一道夺目的星光，红星照耀了苏区，红星也必将照耀全中国！

刚刚开始尝试执政的中国共产党就用他们出色的执政能力交出了一份满意的答卷，根源就在于他们的初心和使命——为中国人民谋幸福，为中华民族谋复兴。

上面我们只列出了一小部分有代表性的制度、政策，还不够严谨和全面，有些概念是属种关系，你可以做更深入细致地收集和整理工作。也许，目前这个探究的主题对你来说过于"宏大"，你可以从中选择几个小项开展自己的探究。

探究之道，在于沉浸思考。其实，斯诺在书中已经给我们做了很好的示范，他在综合分析了苏区的经济改革措施后，得出了这样的结论："共产党在西北所以受到群众拥护，其当前的基础显然不是'各尽其能，各取所需'，而是有点像孙中山先生的主张：'耕者有其田'。中国共产党当时的经济改革措施中，对农民有显著影响的有这四项：重新分配土地，取消高利贷，取消苛捐杂税，消灭特权阶级。"

探究就是一架显微镜，让我们发现文本内部的未知世界。这个世界其实本来就在，只是以前看不到。就像斯诺的结论，好像也不是很难得出来，但他不说，就看不到，因为没想过。

【点拨】

"我们的军队""我们的政府"是苏区百姓的口头语。作者在

作品中不吝笔墨地书写苏区政府制定并实施的各项制度与政策，彰显苏区政府的无穷魅力。其中一些制度与政策至今仍有体现，我们可以结合现实生活，对这些制度或政策做评点。

【探究】

1.《红星照耀中国》至今仍是中国得以感动世界的重要资源，仍是一部在世界有亿万读者的畅销书，为什么呢？结合这个专题的研究，以苏区特色为依据分析其原因。

2.这个专题研究，我们涉及了"猜想""读心""探究"等阅读方法。请就书中第六篇"苏维埃社会"和第八篇"红军战士的生活"的内容，分别自拟专题，移用读心、探究等方式方法，拟写研究提纲，列出需检索的资料。

专题四
斯诺笔下的长征

★ 斯诺记录了怎样的长征
★ 斯诺是怎样记录长征的

一个伟大的民族必有壮丽的史诗，长征就是中华民族壮丽的现代英雄史诗。1934年10月至1936年10月，中国工农红军进行了史无前例的长征。红军以超乎寻常的毅力，战胜了几十万国民党军队的围追堵截，越过了人迹罕至的雪山、草地，经历了十多个省、数万里的征途，终于到达陕西省北部，三大红军主力会师，开启了革命的新征程。

　　长征过去八十多年了，当年的红小鬼到今天也是百岁老人了。长征已经成为革命教育的典范，在各个时期都发挥着积极的作用。"苦不苦，想想红军两万五"成为鼓舞着亿万人民在一切艰难困苦中自力更生、发愤图强的永恒动力。斯诺说："总有一天有人会把这部激动人心的远征史诗全部写下来。"记叙红军长征的书籍很多，据统计至今已经超过两千五百种，影视剧上百集，形成了独特的长征文化，而《红星照耀中国》是它们中的第一部。

　　读完原著前四篇，你是否已经被各位历史人物的个人生活及战场上精彩的故事所打动？是否被作者多样化的叙述方式和幽默的语言所吸引？现在一定有更多的问题萦绕在你的心里：一个外国人怎样理解长征，怎样表达长征，中学生阅读斯诺笔下的长征应该注意些什么，下面我们就从作品的内容和写法两方面来感受斯诺笔下的长征。

★ 一、斯诺记录了怎样的长征

【思考】

作为纪实作品,《红星照耀中国》忠实地记录了长征,然而斯诺并没有参加长征,那么,他对于长征的了解来自哪里?换句话说,他的写作材料来自哪里?

选段1

他(毛泽东)向我介绍了长征到西北的情形,并且写了一首关于长征的旧诗给我。他又告诉我许多其他著名的红军战士的故事,从朱德一直到那个把藏有苏维埃政府档案的两只铁制文件箱背在肩上走了长征全程的青年。

《红星照耀中国》69 页

《红星照耀中国》(青少版)57 页

选段2

毛泽东的叙述,已经开始脱离"个人历史"的范畴,有点不着痕迹地升华为一个伟大运动的事业了,虽然他在这个运动中处于支配地位,但是你看不清他作为个人的存在。所叙述的不再是"我",而

专题四 斯诺笔下的长征

是"我们"了；不再是毛泽东，而是红军了；不再是个人经历的主观印象，而是一个关心人类集体命运的盛衰的旁观者的客观史料记载了。
……

"一九三五年一月，红军主力到达贵州遵义。在随后的四个月，红军几乎不断地行军，并且进行了最有力的战斗。红军经历了无数艰难险阻，横渡中国最长、最深、最湍急的江河，越过一些最高、最险的山口，通过凶猛的土著居民的地区，跋涉荒无人烟的大草地，经受严寒酷暑、风霜雨雪，遭到全中国白军半数的追击——红军通过了所有这一切天然障碍物，并且打破了粤、湘、桂、黔、滇、康、川、甘、陕地方军队的堵截，终于在一九三五年十月到达了陕北，扩大了目前在中国的大西北的根据地。"

《红星照耀中国》165、175 页

《红星照耀中国》（青少版）135、144 页

选段 3

据周恩来说，红军本身在这次围困中死伤超过六万人，平民的牺牲是惊人的。整块整块的地方被清除了人口，所采取办法有时是强迫集体迁移，有时更加干脆地集体处决。国民党自己估计，在收复江西苏区的过程中，杀死或饿死的人有一百万。

《红星照耀中国》181 页

《红星照耀中国》（青少版）149 页

选段 4

这是一次丰富多彩、可歌可泣的远征，这里只能作极简略的

介绍。共产党人现在正在写一部长征的集体报告,由好几十个参加长征的人执笔,已经有了三十万字,还没有完成。

《红星照耀中国》184 页

《红星照耀中国》(青少版)150 页

选段 5

蒋介石在川贵边境迅速集中兵力,封锁了去长江的捷径短道。他现在把歼灭红军的主要希望寄托于防止红军渡江上面,妄图把红军进一步驱向西南,或者驱进西藏的不毛之地。他电告麾下将领和地方军阀:"在长江南岸堵截红军乃党国命运所系。"

《红星照耀中国》186 页

《红星照耀中国》(青少版)152 页

【点拨】

你也许会问:作为纪实作品,斯诺并没有参加长征,他对于长征的了解来自哪里?难道是自说自话?

他的一部分材料来自毛泽东的谈话,比如选段1、选段2。斯诺冲破了国民党对中国红色革命的严密的新闻封锁。首先他到了当时苏区的临时首都保安(即志丹县),和毛泽东同志进行长时间的对话,搜集了关于二万五千里长征的第一手资料。斯诺和毛泽东的谈话时间在《红星照耀中国》里有确切记载的如1936年7月16日,这时离一方面军长征到达陕北还不到一年,红二、四方面军尚未到达甘肃会宁同红一方面军会师。从这个意义上说，这个访谈是在一方面军长征刚刚结束，而三大主力长征尚未会师的时候进行的。斯诺采访的是刚刚经历过长征的红军领导人。比如选段3，斯诺采访了整个长征中的红军领导人之一周恩来。

再比如选段4所说的有关长征的集体回忆录。1936年8月5日，毛泽东和杨尚昆发出通知，征集关于长征的记载。1936年10月就征集了董必武、陆定一等人写的两百多篇稿子，作家丁玲参加了编辑工作，据此编辑成书的《红军长征记》到了1942年终于出版。后来朱德签名送给斯诺一本《红军长征记》，现收藏在美国哈佛大学哈佛燕京图书馆。哈佛大学燕京图书馆善本部主任沈津曾评价1942年版《红军长征记》："唯其粗糙质朴，才显得可爱，而且非常可贵。"据他考证，该书共四百一十二页，收有回忆录一百篇，其中，上册四十二篇，下册五十八篇及歌曲十首。另附录《乌江战斗中的英雄》《安顺场战斗的英雄》二篇。书后附有《红军第一军团长征中经过地点及里程一览表》，详细记录了行军月日、出发地点、经过地点、宿营地点、里程等。和1942年的版本相比，上海鲁迅纪念馆所藏的1937年誊清稿更完整、更原始、更真实，价值也更高。1942年版相对于1937年誊清稿，已经做了许多修改和删除，但这些被删去的文章和被修改的文字，恰恰是非常宝贵的。

此外，斯诺还采用了其他方面的资料，比如选段5。

多种多样的材料来源使得所记内容丰满而可信。材料来源的可靠性和丰富性是纪实作品成功的重要条件。

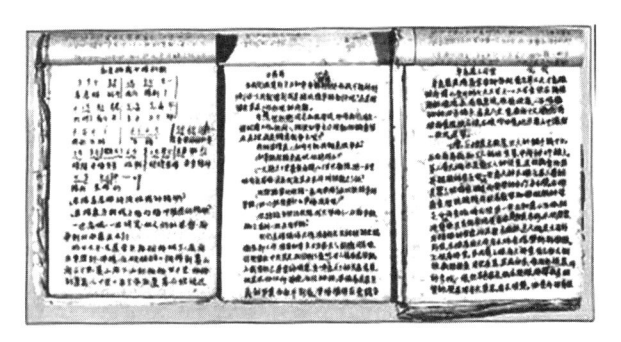

上海鲁迅纪念馆所藏的 1937 年誊清稿

1942 年出版的《红军长征记》

根据哈佛燕京图书馆藏本影印出版的《红军长征记》

【思考】

阅读原著第五篇，并重点回顾以下段落，想一想长征的起因和结果是怎样的？

选段 1

为了他的第五次，也是最后一次围剿，蒋介石动员了将近一百万人，而且采取了新的战术和战略。蒋介石根据德国顾问们的建议，在第四次围剿时就已经开始采用堡垒体系。在第五次围剿中，他就完全依赖这个了。

在这个时期，我们犯了两个重大的错误。其一是在一九三三年福建事变中没有能同蔡廷锴的部队联合。其二是放弃了我们以前的运动战术，而采用错误的单纯防御战略。用阵地战对付占巨大优势的南京军队，是一个严重的错误，因为红军无论在技术上或者在精神上都不适合于阵地战。

第五次围剿于一九三三年十月开始。一九三四年一月,在苏维埃首都瑞金召开了第二次中华全国苏维埃代表大会,总结革命的成就。我在会上作了长篇报告,大会选举了中央苏维埃政府——就是现在的这批人员。不久以后,我们就准备长征了。长征开始于一九三四年十月,在蒋介石发动他的最后一次围剿刚好一年以后,这一年作战和斗争几乎不断,双方的损失都很大。

《红星照耀中国》174页

《红星照耀中国》(青少版)143页

选段2

华南苏区的六年,注定是要成为长征这部英雄史诗的前奏曲的。这六年的历史动人心魄,但是只有零星的记载。我在这里即使要概括地介绍一下也是很难做到的。毛泽东简单地谈到了苏区的有机发展和红军的诞生过程。他谈到了共产党怎样从几百个衣衫褴褛、食不果腹的年轻然而坚决的革命者建立起一支有好几万工农所组成的军队,最后到一九三〇年时已经成了政权的争夺者,其威胁严重到使南京不得不对他们进行第一次大规模的进攻。

《红星照耀中国》178页

《红星照耀中国》(青少版)146页

选段3

从江西撤出来,显然进行得极为迅速秘密,因此到红军主力——估计约九万人——已经行军好几天以后,敌人的大本营才发现他们已经撤走了。红军在赣南进行了动员,把大部分正规军

专题四 斯诺笔下的长征

从北线撤下来,由游击队换防。这种行动总是在夜间进行的。到全部红军在赣南的零都附近集中后,才下令作大行军,这是在一九三四年十月十六日开始的。

《红星照耀中国》182 页

《红星照耀中国》(青少版)149 页

选段 4

他们筋疲力尽,体力已达到无法忍受的程度,终于到达了长城下的陕北。一九三五年十月二十日,即他们离开江西一周年的日子,一方面军先锋部队同早在一九三三年就已在陕西建立了苏维埃政权小小根据地的二十五、二十六、二十七军会师。他们现在只剩下了二万人不到,坐下来以后方始明白他们的成就的意义。

《红星照耀中国》201 页

《红星照耀中国》(青少版)164 页

【点拨】

你可能有这样的疑问:从第四章毛泽东的自述一下子跳到第五章写长征,这两章有什么关联?第四章的后面部分就像是为长征徐徐拉开大幕——蒋介石为什么要围剿红军,几次围剿的情况,红军的反击情况,为什么红军要长征,毛泽东对这些问题的回答,便于读者从更广阔的视野来看待长征。正如选读 1 里,大家读到的那样。

中央红军的长征是从什么时候开始的?什么时候结束的?在选段 3、选段 4 里有两个明确的时间:"这是在一九三四年十月

十六日开始的""一九三五年十月二十日,即他们离开江西一周年的日子,一方面军先锋部队同早在一九三三年就已在陕西建立了苏维埃政权小小根据地的红二十五、二十六、二十七军会师"。这里指的是红一方面军的长征,当时另外两只红军主力还在长征的路上,斯诺预感到:红星必然照耀中国。

【思考】

　　红军在长征的过程中遇到了哪些的困难?红军是靠什么来克服这些困难的?红军的长征为什么会取得胜利?

选段1

　　这些战士战斗得那么长久,那么顽强,那么勇敢,而且——正如各种色彩的观察家所承认的,就连蒋介石总司令自己的部下私下也承认的——从整体说来是那么无敌,他们到底是什么样的人?是什么使他们那样地战斗?是什么支持着他们?他们的运动的革命基础是什么?是什么样的希望,什么样的目标,什么样的理想,使他们成为顽强到令人难以置信的战士的呢?说令人难以置信,是同中国的那部充满折中妥协的历史比较而言的,但他们却身经百战,经历过封锁、缺盐、饥饿、疾病、瘟疫,最后还有那六千英里的历史性"长征",(中央红军)穿过中国的十二个省份,冲破千千万万国民党军队的阻拦,终于胜利地出现在西北的一个强大的新根据地上。

《红星照耀中国》4页
《红星照耀中国》(青少版)3页

选段2

"红军的胜利行军,胜利达到甘、陕,而其有生力量依然完整无损,这首先是由于共产党的正确领导,其次是由于苏维埃人民的基本干部的伟大的才能、勇气、决心以及几乎是超人的吃苦耐劳和革命热情。中国共产党过去、现在、将来都忠于马列主义,并将继续进行斗争反对一切机会主义倾向。它之所以不可战胜,所以一定取得最后胜利,其原因之一就在于这种决心。"

《红星照耀中国》175页
《红星照耀中国》(青少版)144页

选段3

共产党人现在正在写一部长征的集体报告,由好几十个参加长征的人执笔,已经有了三十万字,还没有完成。冒险、探索、发现、勇气和胆怯、胜利和狂喜、艰难困苦、英勇牺牲、忠心耿耿,这些千千万万青年人的经久不衰的热情、始终如一的希望、令人惊诧的革命乐观情绪,像一把烈焰,贯穿着这一切,他们不论在人力面前,或者在大自然面前,上帝面前,死亡面前都绝不承认失败——所有这一切以及还有更多的东西,都体现在现代史上无与伦比的一次远征的历史中了。

《红星照耀中国》184页
《红星照耀中国》(青少版)150页

选段4

四川军队大概从来没有见过这样的战士——这些人当兵不只

是为了有个饭碗,这些青年为了胜利而甘于送命。他们是人,是疯子,还是神?迷信的四川军队这样嘀咕。他们自己的斗志受到了影响;也许他们故意开乱枪不想打死他们;也许有些人暗中祈祷对方冒险成功!

《红星照耀中国》195页

《红星照耀中国》(青少版)159页

【点拨】

红军为什么会取得二万五千里长征的胜利?这是斯诺,也是读者感兴趣的话题。斯诺用他的方式尝试做了回答。在记叙中穿插议论是《红星照耀中国》的写作特点之一。

选段1在本书第一篇,斯诺就提出了一连串的问题,不仅斯诺有这样的疑问,"关心东方政治及其瞬息万变的历史的人,都有这样一些感到兴趣而未获解答的问题"。这一连串设问,在后面斯诺都试图提供答案。

选段2是第四篇的结尾,是毛泽东的谈话。斯诺这里用长征红军领袖的话来作答——红军的胜利来自革命的决心和热情。

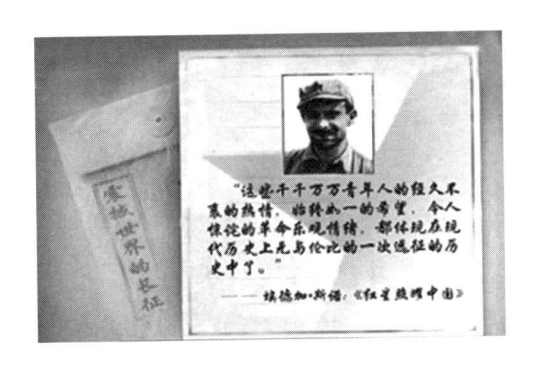

专题四　斯诺笔下的长征

　　这幅央视新闻的截图使用了选段3中的话。选段3从红军写的长征集体报告说起，谈到长征中所体现出的"经久不衰的热情、始终如一的希望、令人惊诧的革命乐观情绪"，在长征的各种困难面前——"不论在人力面前，或者在大自然面前，上帝面前，死亡面前"，都永不言败。

　　选段4则是从红军的敌人——川军的角度来写红军精神，"这些人当兵不只是为了有个饭碗，这些青年为了胜利而甘于送命"。作者甚至不无幽默地想象，"也许他们故意开乱枪不想打死他们；也许有些人暗中祈祷对方冒险成功"。

　　是的，在那时的中国有句话"吃粮当兵"，很多人当兵就是为了吃粮，而绝不是为了送命。而红军战士为了理想，为了革命胜利却甘愿牺牲生命，这是多么不同啊！这种对比不仅震惊了川军，也震惊了斯诺。正像《长征组歌》里唱的那样——"红军都是钢铁汉，千锤百炼不怕难。雪山低头迎远客，草毯泥毡扎营盘。风雨侵衣骨更硬，野菜充饥志越坚。官兵一致同甘苦，革命理想高于天"。

【思考】

　　回顾下面的原著片段，你觉得长征的意义何在？

选段1

　　在某种意义上来说，这次大规模的转移是历史上最盛大的武装巡回宣传。红军经过的省份有二亿多人民。在战斗的间隙，他们每占一个城镇，就召开群众大会，举行戏剧演出，重"征"富人，

解放许多"奴隶"（其中有些参加了红军），宣传"自由、平等、民主"，没收"卖国贼"（官僚、地主、税吏）的财产，把他们的财物分配给穷人。现在有千百万的农民看到了红军，听到了他们讲话，不再感到害怕了。红军解释了土地革命的目的和他们的抗日政策。他们武装了千千万万的农民，留下干部来训练游击队，使南京军队从此疲于奔命。在漫长的艰苦的征途上，有成千上万的人倒下了，可是另外又有成千上万的人——农民、学徒、奴隶、国民党逃兵、工人、一切赤贫如洗的人们——参加进来充实了行列。

《红星照耀中国》202 页

《红星照耀中国》（青少版）165 页

【点拨】

"在某种意义上来说，这次大规模的转移是历史上最盛大的武装巡回宣传。"这支队伍与其他队伍的不同在于，这支队伍有自己的主张、自己的信念和自己的理想。长征使更多的人认识到这一点。

这段话让我们想起毛泽东的关于长征的一段著名论述：

"讲到长征，请问有什么意义呢？我们说，长征是历史纪录上的第一次，长征是宣言书，长征是宣传队，长征是播种机。自从盘古开天地，三皇五帝到于今，历史上曾经有过我们这样的长征吗？十二个月光阴中间，天上每日几十架飞机侦察轰炸，地下几十万大军围追堵截，路上遇着了说不尽的艰难险阻，我们却开动了每人的两只脚，长驱二万余里，纵横十一个省。请问历史上曾有过我们这样的长征吗？没有，从来没有的。长征又是宣言书。它向全世界宣告，红军是英雄好汉，帝国主义者和他们的走狗蒋介石等辈则是完全无用的。长征宣告了帝国主义和蒋介石围追堵截的破产。长征又是宣传队。它向十一个省内大约两万万人民宣布，只有红军的道路，才是解放他们的道路。不因此一举，那么广大的民众怎会如此迅速地知道世界上还有红军这样一篇大道理呢？长征又是播种机。它散布了许多种子在十一个省内，发芽、长叶、开花、结果，将来是会有收获的。总而言之，长征是以我们胜利、敌人失败的结果而告结束。谁使长征胜利的呢？是共产党。没有共产党，这样的长征是不可能设想的。中国共产党，它的领导机关、它的干部、它的党员，是不怕任何艰难困苦的。"

　　这是对长征意义的最好解说。从斯诺与毛泽东的长谈到他们对长征意义的表述，我们可以猜测：斯诺对于长征意义的认识是受了毛泽东很大影响的。

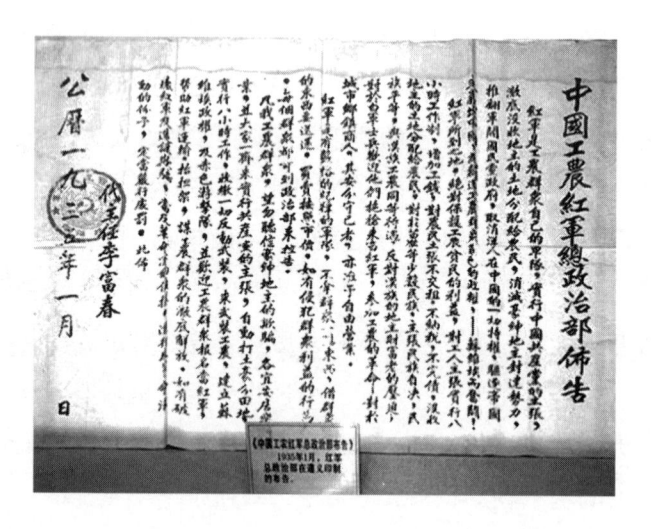

【探究】

　　（一）你对长征并非一无所知，那你也没有参加过长征，你对长征的了解来自哪里呢？你对长征有哪些了解？《红星照耀中国》一书对长征的叙述使你获得了哪些有关长征的新认识呢？

_____

_____

_____

（二）如果你是斯诺，为了了解长征，你会对红军战士提出怎样的问题呢？

你觉得他们会怎样回答呢？

提问：_____

_____

回答：_____

_____

（三）请结合长征路线示意图回答下面问题。

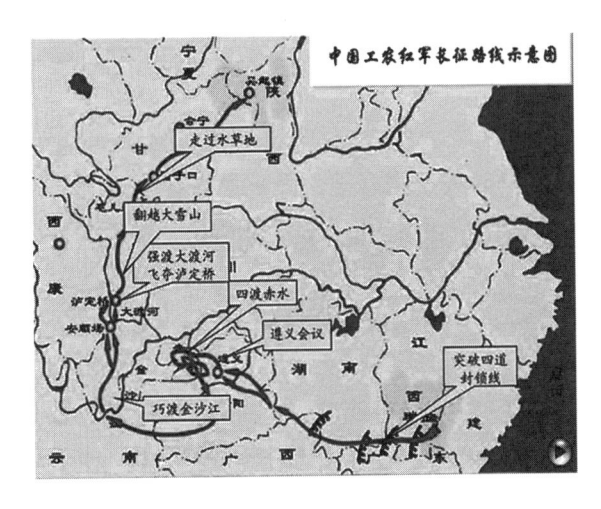

专题四 斯诺笔下的长征

1. 你一定读过长征路上的故事，比如小学你学过《金色的鱼钩》，初一你学过《老山界》，也许你还读过王树增写的《长征》。请你在长征路线示意图上面标记你知道的长征故事。

2. 参考《红星照耀中国》和长征路线示意图，说说下面这首《红军入川歌》作于何时何地？表现了长征中的哪些事件？

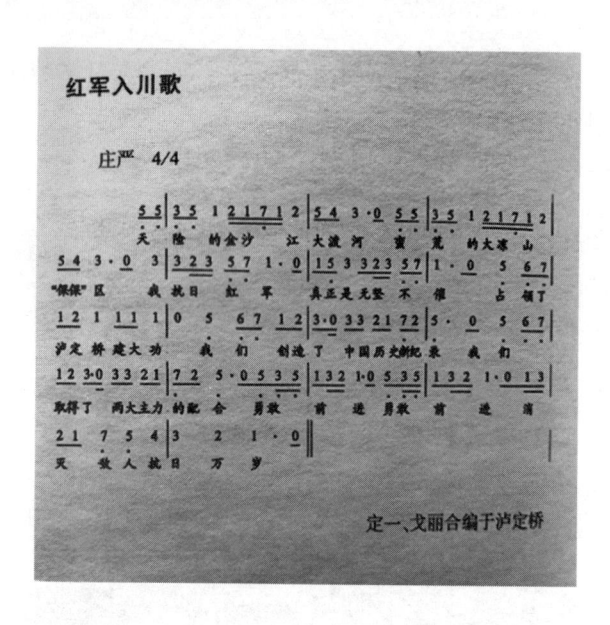

3. 要树立一座长征纪念碑，你觉得立在哪个地方为好？请结合本书和长征路线示意图，说说理由。

_____

_____

_____

4. 要为长征纪念碑题写一段 200 字左右的碑文,你来试试吧。

_____

_____

_____

(四)本书记录长征,专门写了《大渡河英雄》一节。假如你是泸定桥风景区的导游,请你参考这一节内容,写一段面向外国游客的解说词。

_____

_____

(五)阅读的成果不仅在于解答疑问,更在于能够提出新的疑问。读过这一章,有同学问:为什么长征初期红军损失惨重?有同学问:蒋介石和地方军阀是什么关系?

你有什么疑问吗?请把你的问题写下来。

_____

_____

(六)面对大部头的整本书阅读,可以做一点专题讨论。比如,"长征中的少年",把全书中有关长征中少年的段落检索出来,加以比照,得出你自己关于"长征中的少年"的认识。

材料一:

第一天以后,我很少骑马,倒不是可怜那匹奄奄待毙的老马,而是因为大家都在走路。李长林是这一队战士中最年长的,其他

专题四 斯诺笔下的长征

都是十几岁的少年，比孩子大不了多少。有一个绰号叫"老狗"，我同他一起走时问他为什么参加红军。

他是个南方人，在福建苏区参加红军六千英里长征，一路走过来的。外国军事专家都拒绝相信长征是可能的事。但是这里却有这个"老狗"，年方十七，实际上看上去像十四岁。他走了这次长征，并不把它当作一回事。他说，如果红军要再长征二万五千里，他就准备再走二万五千里。

《红星照耀中国》62页

《红星照耀中国》（青少版）51页

材料二：

这时，一个脸上长了一条长疤的青年站了起来，讲了长征路上的经历。他说："红军过贵州时，我和几个同志在遵义附近受了伤。当时部队得前进，不能带我们走。医生给我们包扎好后，把我们留给一些农民，要他们照顾我们。他们给我们饭吃，待我们很好，白军到那个村子来时，他们把我们藏了起来。几个星期以后，我们就复原了。后来红军回到这一带来，第二次攻克了遵义。我们回到了部队，村子里有几个青年和我们一起走了。"

《红星照耀中国》300页

《红星照耀中国》（青少版）243页

材料三：

他可不是妈妈的小宝贝，而已经是一位老红军了。他告诉我，他今年十五岁，四年前在南方参加了红军。

"四年!"我不信地叫道,"那么你参加红军时准是才十一岁啰?你还参加了长征?"

"不错,"他得意扬扬有点滑稽地回答说,"我已经当了四年红军了。"

《红星照耀中国》324 页

《红星照耀中国》(青少版)262 页

材料四:

在每一个红军驻地都有一个少年先锋队"模范连"。他们都是十二岁至十七岁(照外国算法实际是十一岁至十六岁)之间的少年,他们来自中国各地。他们当中有许多人像这个小号手一样,熬过了从南方出发的长征的艰苦。

《红星照耀中国》325 页

《红星照耀中国》(青少版)263 页

★ 二、斯诺是怎样记录长征的

【思考】

　　本书是纪实文学作品，我们可以阅读下面这些原著的片段，分析一下，作者是怎样体现纪实作品的客观性的？

选段1

　　我们这一时代的一个令人惊异的事实是，在华南苏区的全部历史中，竟没有一个"外来的"外国观察家曾经进入过红区——世界上除了苏联以外唯一的这个由共产党统治的国家。因此，外国人所写的关于华南、苏区的一切材料都是第二手材料。

《红星照耀中国》178 页
《红星照耀中国》（青少版）146 页

选段2

　　为了要维持这次战役中所进行的一年惊人的抵抗，尽管红军否认，但我怀疑对农民想必进行了相当程度的剥削。但是同时必须记住，红军的战士大多数都是新分了土地和获得了选举权的农民。中国的农民仅仅为了土地,大多数也是愿意拼死作战的。江西的人民知道,国民党卷土重来意味着土地回到地主的手中。

《红星照耀中国》181 页

《红星照耀中国》(青少版)148 页

选段 3

　　长征的统计数字是触目惊心的。几乎平均每天就有一次遭遇战,发生在路上某个地方,总共有十五个整天用在打大决战上。路上一共三百六十八天,有二百三十五天用在白天行军上,十八天用在夜间行军上。剩下来的一百天——其中有许多天打遭遇战——有五十六天在四川西北,因此总长五千英里的路上只休息了四十四天,平均每走一百一十四英里休息一次。平均每天行军七十一华里,即近二十四英里,一支大军和它的辎重要在一个地球上最险峻的地带保持这样的平均速度,可以说近乎奇迹。

《红星照耀中国》201 页

《红星照耀中国》(青少版)164 页

【点拨】

　　斯诺在写长征之前,用了大量篇幅写长征的背景。作为一名记者,他特别注意材料的准确性和评论的客观性。这在选段 1 中,他做了特别的说明。

　　有人说,选段 2 中用了两个"但",体现了纪实文学的客观性。为什么这样说呢?一方面,对于红军的否认,斯诺是有自己的看法的,一年的战争必然需要经济支撑,而这种经济支撑必然来自农民;另一方面,斯诺认为红军战士不就是解放了的农民吗?他们是为了保卫胜利果实而战斗。由此可以看出,斯诺并不轻易听信别人的说法,他有自己的思考和判断。

斯诺在记述长征的过程中,罗列了很多数字。如选段3。这些数字在时间上包括行军的时间、战斗的时间、休息的时间和行军的里程。请你看看下面这张表格,这是红一军团在长征到达陕北后的统计,斯诺很可能是看到了此类资料的。这些第一手材料为

红军第一军团长征所处环境一览表

年	月	日	行军 日行军	合计	夜行军	合计	作战	合计	作 息	合计
一九三四年	十月	16.25.27.28.31.20	6	17.18.23.26	4	21.22.	2	19.24.29.30.	4
	十一月	1.2.3.4.5.6.7.9.10.11.12.13.15.16.19.21.22.	21	18.23.24.	3			8.14.17.20.27.30.	6
	十二月	2.4.5.6.8.9.10.11.12.13.14.15.18.19.20.21.22.23.25.26.29.30.	22	3.	1	1.	1	7.16.17.24.27.28.31.	7
一九三五年	一月	1.2.4.5.6.7.8.13.14.15.16.17.21.23.24.25.26.27.29.30.31.	21			22.	1	3.9.10.11.12.18.19.20.28.	9
	二月	1.3.4.5.6.7.8.9.11.12.13.14.15.16.17.18.19.21.22.23.24.25.26.28.	24			2.27.	2	10.20.	2
	三月	1.3.5.6.9.10.13.14.16.17.18.19.21.23.24.25.26.27.29.30.31.	22	12.	1	15.	1	2.4.7.8.11.20.28.	7
	四月	1.3.4.5.6.7.8.10.11.12.13.14.15.16.17.18.19.20.21.22.23.24.25.26.27.28.29.30.	28			2.9.	2		

他的写作提供了大量可信的数据，而数据的客观性是能够说服人的。占有大量资料是纪实作品写作中必备的。

【思考】

　　长征并不是作者亲历的，大量引用资料虽然突出了客观性，但可能会成为流水账。作为纪实文学作品，作者是怎样体现其生动性的？

选段1

　　渡船早已撤到北岸——但没有焚毁！（红军远在好几百里外，反正不到这里来，为什么要烧掉渡船呢？政府军可能是这样想的。）但是怎样才能弄一条船到南岸来呢？到天黑后，红军押着一个村长到河边，大声喊叫对岸的哨兵，说是有政府军开到，需要一只渡船。对岸没有起疑，派了一只渡船过来。一支"南京"部队就鱼贯上了船，不久就在北岸登陆——终于到了四川境内。他们不动声色地进了守军营地，发现守军正在高枕无忧地打麻将，枪支安然无事地靠在墙边。红军叫他们"举起手来"，收了武器，他们只得张口瞠目地瞧着，过了好久才明白，自己已成了原来以为还要三天才能到达的"土匪"的俘虏。

《红星照耀中国》187页
《红星照耀中国》（青少版）153页

选段2

　　他们狡黠地要武器和弹药好保卫独立，帮助红汉打白汉。结果红军都给了他们,使他们感到很意外。

《红星照耀中国》190 页

《红星照耀中国》(青少版)156 页

选段3

　　当然,这座桥本来是应该炸毁的,但是四川人对他们少数几条桥感情很深;修桥很困难,代价也大。据说光是修泸定桥"就花了十八省捐献的钱财"。反正谁会想到红军会在没有桥板的铁索上过桥呢,那不是发疯了吗?但是红军就是这样做的。

《红星照耀中国》194 页

《红星照耀中国》(青少版)158 页

选段4

　　四川军队大概从来没有见过这样的战士——这些人当兵不只是为了有个饭碗,这些青年为了胜利而甘于送命。他们是人,是疯子,还是神?迷信的四川军队这样嘀咕。他们自己的斗志受到了影响;也许他们故意开乱枪不想打死他们;也许有些人暗中祈祷对方冒险成功!

《红星照耀中国》195 页

《红星照耀中国》(青少版)159 页

选段5

　　这怎么会发生的呢?在对岸,只有四川两个独裁者之一刘文辉将军的一团兵力。其他的四川军队和南京的增援部队一样还在不慌不忙前来大渡河的途上，当时一团兵力已经足够了。的确，由于全部渡船都停泊在北岸，一班兵力也就够了。该团团长是个本地人，他了解红军要经过什么地方，要到达河边需要多长时间。那得等好多天，他很可能这么告诉他的部下。他的老婆又是安顺场本地人，因此他得到南岸来访亲问友，同他们吃吃喝喝。因此红军奇袭安顺场时，俘获了那个团长、他的渡船，确保了北渡的通道。

《红星照耀中国》191 页

《红星照耀中国》(青少版) 156 页

选段 6

长江在尽是荒山野岭的云南境内，流经深谷高峰，水深流急，有的地方高峰突起，形成峡谷，长达一二英里，两岸悬崖峭壁。少数的几个渡口早已为政府军所占领。

《红星照耀中国》187 页

《红星照耀中国》(青少版) 153 页

选段 7

安顺场以西四百里，峡谷高耸，河流又窄、又深、又急的地方，有条有名的铁索悬桥叫作泸定桥。这是大渡河上西藏以东的最后一个可以过河的地方。现在赤脚的红军战士就沿着峡谷间迂回曲折的小道，赤足向泸定桥出发，一路上有时要爬几千英尺高，有时又降到泛滥的河面，在齐胸的泥淖中前进。

《红星照耀中国》193 页

《红星照耀中国》(青少版) 157 页

选段 8

红军在云南时从有钱的火腿商那里没收了成千上万条火腿，农民们从好几里外赶来免费领一份，这是火腿史上的新鲜事儿。成吨的盐也是这样分配的。在贵州从地主官僚那里没收了许多养鸭场，红军就顿顿吃鸭，一直吃到——用他们的话来说——"吃厌为止"。

《红星照耀中国》197 页

《红星照耀中国》（青少版）161 页

选段 9

在他们头顶上空，蒋介石的飞机无可奈何地怒吼着，红军发疯一样向他们叫喊挑战。在"共"军蜂拥渡河的时候，这些飞机企图炸毁铁索桥，但炸弹都掉在河里，溅起一片水花。

《红星照耀中国》195 页

《红星照耀中国》（青少版）160 页

选段 10

毛泽东笑着告诉我有一个这样的代表团来欢迎"苏维埃先生"！但是这些乡下佬并不比福建军阀卢兴邦更无知，后者曾在他统辖的境内出了一张告示，悬赏"缉拿苏维埃，死活不论"。他宣称此人到处横行不法，应予歼灭！

《红星照耀中国》198 页

《红星照耀中国》（青少版）162 页

【点拨】

　　为了增强故事的可读性,作者把故事中的人物写活。他不仅描述人物的行为,还揣测人物的心理。比如选段1中,"没有焚毁!"是红军的惊喜;括号里插入的"红军远在好几百里外,反正不到这里来,为什么要烧掉渡船呢?政府军可能是这样想的"是政府军的想法;"怎样才能弄一条船到南岸来呢?"是红军的思考;"好久才明白,自己已成了原来以为还要三天才能到达的'土匪'的俘虏",这又是政府军的想法了。把敌我双方的心理活动都写出来,就仿佛让读者看到了真实的战斗。

　　选段2描述了彝族人的心理,使读者明白他们为什么会帮助红军。

　　选段3、选段4和选段5描述了四川军队的想法,他们的想法适用于和他们一样的地方军阀,并不适用于他们从没见过这支军队——红军,飞夺泸定桥更是他们不可想象的。红军不同于当时中国各地的军阀部队,是与众不同的闪闪的红星。

　　我们从刚才的这些段落里可以看到很多问句,文章中还有很多问句,比如:

　　在这期间,在红军非正规部队的这道不可逾越的防线后面,生活究竟是怎样的呢?我们这一时代的一个令人惊异的事实是……

　　这个问句是设问句,一问一答。作者站在读者的角度提出问题,再自问自答,好像在回答读者关心的问题,易于读者接受,同时也起到过渡的作用。这类写法不止一处。选段5的第一句话便是这样的。

　　你还记得七年级的课文《老山界》吗?老山界是红军长征翻越的第一座高山。《老山界》中有多处描写了老山界的自然环境。

斯诺也多次写到自然环境，比如选段6和选段7。对自然环境的描写，一方面使读者如临其境，一方面使读者真实地感受到红军长征中自然环境的恶劣、凶险。

除了飞夺泸定桥这些著名的长征故事，书中还记述了长征途中的很多小插曲，同学们很感兴趣，比如选段8、9、10。这里作者还用了风趣幽默的语言，使读者感受到红军战士大无畏的革命乐观主义精神，也不禁使人想起毛泽东的两句诗——五岭逶迤腾细浪，乌蒙磅礴走泥丸。

【思考】

本书是跨越不同文化的作品，作者是怎样让外国人读懂中国故事的？

选段1

不论你对红军有什么看法，对他们的政治立场有什么看法（在这方面有很多辩论的余地），但是不能不承认他们的长征是军事史上伟大的业绩之一。在亚洲，只有蒙古人曾经超过它，而在过去三个世纪中从来没有发生过类似的举国武装大迁移，也许除了惊人的土尔扈特部的迁徙以外，对此斯文·赫定在他的著作《帝都热河》一书中曾有记述。与此相比，汉尼拔经过阿尔卑斯山的行军看上去像一场假日远足。另外一个比较有意思的比较是拿破仑从莫斯科的溃败，但当时他的大军已完全溃不成军，军心涣散。

《红星照耀中国》202页

《红星照耀中国》（青少版）165页

【点拨】

  考虑到《红星照耀中国》的很多读者是外国人，由于文化背景不同，有时候作者就需要用不同文化中的同类故事作比。比如，1954年，周恩来总理参加日内瓦会议，准备在见面会上放映我国第一部彩色戏曲电影《梁山伯与祝英台》。为了让来自五湖四海的外国友人更好地了解这部越剧，他请新闻联络官在请柬上写"请欣赏中国的罗密欧与朱丽叶"，这样外国与会者就对《梁祝》产生了共鸣。斯诺也用了同样的办法。比如他把红军战士比作英国的绿林英雄"罗宾汉"：

  红军告诉我，除了在川西之外，他们在各地都受到广大农民的欢迎。他们"罗宾汉"式的政策早已声名远扬。

  他把红军三十万字的长征报告比作古希腊荷马史诗《奥德赛》：

  这些青年人无论是在他人面前，还是面对自然、上帝、死亡，都决不认输——所有的这一切，宛如一部现代史上无与伦比的《奥德赛》史诗。

  他在选段1中还把长征和北非古国统帅汉尼拔的征战以及法国皇帝拿破仑从莫斯科败退类比，使外国人更了解长征。

  也许正是由于这个原因吧，1937年10月伦敦出版的《红星照耀中国》在出版后的短短一个月内，已经增订到第五版，销量超过十万册。很多外国人最初了解长征、了解红军就是从《红星照耀中国》开始的。在斯诺之后，有美国记者福尔曼、白修德、史沫特莱、安娜·路易斯·斯特朗、英国记者贝特兰、新西兰记者路易·艾黎等，纷纷来到延安,报道红色中国。我们熟知的白求恩大夫、柯棣华大夫,都是从这本书里看到了共产党人的情怀,这是促使他们来华工作的主要动因,他们将自己的热血洒在红星照耀下的中国。

英国陆军元帅蒙哥马利说:"长征体现了坚忍不拔精神的惊人业绩。"美国作家索尔兹伯里说:"长征是超越了国界、超越了民族、超越了阶级、超越了各种意识形态的精神远征。"长征不仅是中国的,也是世界的精神财富。

【探究】

(一)读整本书,除了注意联系这本书的前后内容,还要注意联系有关的其他文章和书籍。比如你看到这样一段:

红军主力撤出江西后,经过了许多星期,南京的军队才终于占领红军的主要城市。因为成千上万的农民赤卫队和游击队在少数正规人员领导下仍继续坚决抵抗到底。这些红军领袖不怕牺牲,自愿留下来,他们许多人的英勇事迹今天仍为红军所津津乐道。

1. 方志敏也是留在苏区的红军将领,他被捕牺牲后,留下了《清贫》《可爱的中国》等作品。你读一读,归纳方志敏与《红星照耀中国》中的诸多红军将领有哪些共同之处。

_____

_____

(二)完成下面与长征相关的语文基础知识运用试题。

1. 在这一章的结尾,斯诺引用了毛泽东的《七律·长征》。长

征即将胜利,毛泽东带领红军越过岷山之后,回顾长征,心潮澎湃,写下了这首《七律·长征》。

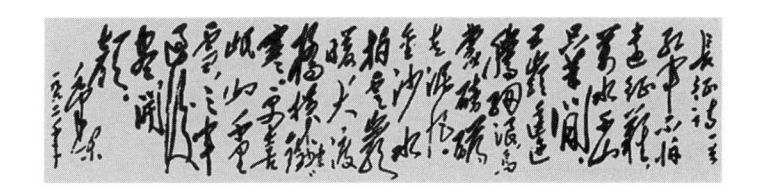

你对这首诗也很熟悉吧。有篆刻爱好者将《七律·长征》的部分诗句刻成了印章,请将下列印章按诗句顺序排列（   ）

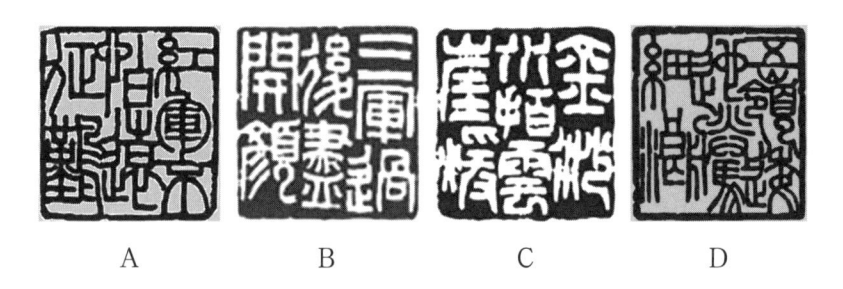

A　　　　　B　　　　　C　　　　　D

答案：ADCB

2．有同学设计了下面这副对联,以表达对长征的敬意。在对联横线处填入短语,内容和形式都恰当的一项是（2分）

上联：红军长征,跋涉_____①_____,丈量_____②_____;

下联：志士苦战,历经_____③_____,魂舞_____④_____。

A．①九死一生　②千山万水　③神州大地　④华夏长空

B．①千山万水　②神州大地　③九死一生　④华夏长空

C．①千山万水　②华夏长空　③九死一生　④神州大地

D．①神州大地　②华夏长空　③千山万水　④九死一生

答案：B

3. 以物喻人是常见的艺术手法，这种手法关注物与人之间的相似点，将物的自然属性赋予人的精神品格。学校板报组计划出一期赞美红军战士精神品质的板报，准备用梅花、菊花、松树中的一种作为装饰，请你为板报组选择一种，并说明理由。

选择：_____

理由：_____

答案示例：梅花，斗霜傲雪，象征着红军战士顽强不屈的革命品质。

菊花，不畏严霜，象征着红军战士不畏艰险的革命精神。

松树，坚韧挺拔，象征着红军战士不屈不挠的革命精神。

（三）看看下面这份长征中的《战士报》是哪天的？报道了长征中的哪件事？假如你是当年红军《战士报》的小记者，你会在哪一天报道哪件事呢？请仿照这份《战士报》也来制作一张长征途中的报纸吧。对了，你可以自己给报纸起一个名字。

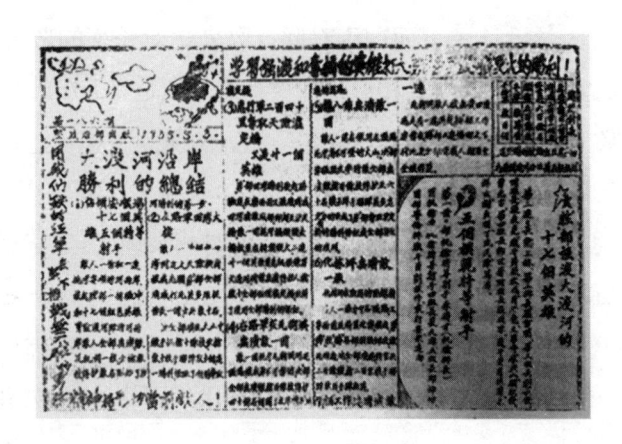

（四）中国工农红军长征扭转了中国人民的历史命运，创造了人类军事史上的伟大奇迹。有三位美国记者在不同的历史时期，分别以自己的作品，真实、客观地报道了这一伟大事件：1937年，斯诺的《红星照耀中国》的第五篇首次专门报道红军长征，展示了长征的壮丽画卷；1955年，史沫特莱通过朱德传的写作，再现了长征的艰险与胜利；1983年，索尔兹伯里的《长征——闻所未闻的故事》，以恢宏的场面，悲壮的诗情，描写了长征的雄伟与瑰丽。这几部纪实文学，树立起长征的历史丰碑，成为中国青年一代学习长征精神的珍贵教材。课外阅读这几部作品，谈谈阅读感受有何不同。

（五）许多文艺作品都描写了长征，有些作品就是以长征为主题的。

1959年拍摄了第一部长征题材的电影《万水千山》，这部电影的编剧就是当年参加长征的红军战士。

1965年，为纪念红军长征胜利三十周年，曾在十八岁参加过长征的肖华回顾他在长征中的真实经历，完成了十二首形象鲜明、感情真挚的诗歌。随后，作曲家晨耕等选取其中的十首谱成了组歌，分别描绘了十个环环相扣的战斗生活场面，并巧妙地把各地区的民间曲调与红军传统歌曲的曲调融合在一起，最终汇成了一部《长征组歌》，艺术地再现了长征的艰难历程。我们选取其中两部分，这也是《红星照耀中国》里着重叙述的两部分。歌词是凝练的，对于不了解那段历史的人就要做点解说。请选取其中一曲，结合《红星照耀中国》的叙述，给歌词做解说。

1. 第五曲 飞越大渡河

水湍急，山峭耸。雄关险，豺狼凶。
健儿巧渡金沙江，兄弟民族夹道迎。
安顺场边孤舟勇，踩波踏浪歼敌兵。
昼夜兼程二百四，猛打穷追夺泸定。
铁索桥上显威风，勇士万代留英名。

2. 第六曲 过雪山草地
雪皑皑，野茫茫，高原寒，炊断粮。
红军都是钢铁汉，千锤百炼不怕难。
雪山低头迎远客，草毯泥毡扎营盘。
风雨侵衣骨更硬，野菜充饥志越坚。
官兵一致同甘苦，革命理想高于天。

专题五

探寻作品历久弥新的生命力

★ 内容的真实性
★ 表达的感染力
★ 情怀的魅力

轻轻地合上这本《红星照耀中国》，心情久久不能平静，仿佛经历了一场红色的洗礼。那生动的故事和鲜活的人物所闪耀的勇敢、自信、乐观、奉献的光辉，至今依然璀璨如初。八十多年过去了，《红星照耀中国》的活力从未衰减。它历久弥新的生命力究竟来自何方？

当我们思考这个问题的时候，脑海里会涌出许多答案。谈到这里，我们将这些答案梳理、归纳一下，会发现不外乎三方面：内容、写法、情感。作为纪实文学作品，只有内容客观真实，才具有权威性；有高超的写作技巧，才具有可读性；情感真挚美好，才具有感染力，而这部作品同时具备了这三方面的特点。下面我们就具体探讨一下。

★ 一、内容的真实性

【思考】

阅读下列选段,本书是如何体现客观真实的?你读后有怎样的感受?

选段1

我从没有加入过任何政党,所以这一本书绝对不能算作正式的或正统的文献。在这里我所要做的,只是把我和共产党员在一起这些日子所看到、所听到而且所学习的一切,作一番公平的、客观的无党派之见的报告。这样就是了。

《红星照耀中国》9页

《红星照耀中国》(青少版)7页

选段2

从严格的字面上的意义来讲,这一本书的一大部分也不是我写的,而是毛泽东、彭德怀、周恩来、林伯渠、徐海东、徐特立、林彪这些人——他们的斗争生活就是本书描写的对象——所口述的。

此外还有毛泽东、彭德怀等人所作的长篇谈话，用春水一般清澈的言辞，解释中国革命的原因和目的。还有几十篇和无名的红色战士、农民、工人、知识分子所作的对话，从这些对话里面，读者可以约略窥知使他们成为不可征服的那种精神，那种力量，那种欲望，那种热情。——凡是这些，断不是一个作家所能创造出来的。

《红星照耀中国》8 页

《红星照耀中国》（青少版）7 页

选段 3

　　长征的统计数字是触目惊心的。几乎平均每天就有一次遭遇战，发生在路上某个地方，总共有十五个整天用在打大决战上。路上一共三百六十八天，有二百三十五天用在白天行军上，十八天用在夜间行军上。剩下来的一百天——其中有许多天打遭遇战——有五十六天在四川西北，因此总长五千英里的路上只休息了四十四天，平均每走一百一十四英里休息一次。平均每天行军七十一华里，即近二十四英里，一支大军和它的辎重要在地球上最险峻的地带保持这样的平均速度，可说近乎奇迹。

　　红军一共爬过十八条山脉，其中五条是终年盖雪的，渡过二十四条河流，经过十二个省份，占领过六十二座大小城市，突破十个地方军阀军队的包围，此外还打败、躲过或胜过派来追击他们的中央军各部队。他们开进和顺利地闯过六个不同的少数民族地区，有些地方是中国军队几十年所没有去过的地方。

《红星照耀中国》201 页

《红星照耀中国》（青少版）164 页

选段 4

  有一件事情使我感到迷惑。共产党人是怎样给他们的军队提供吃的、穿的和装备呢？像其他许多人一样，我原以为他们一定是完全靠劫掠来维持生活。我已经说过，我发现这种臆想是错误的，因为我看到，他们每占领一个地方，就着手建设他们自己的自给经济，单单是这件事实，就能够使他们守住一个根据地而不怕敌人的封锁。此外，对于中国无产阶级军队能够靠几乎不能相信的极少经费活下去，我也是没有认识的。

  红军声称他们百分之八十以上的枪械和百分之七十以上的弹药是从敌军那里夺来的。如果说这是难以相信的话，我可以作证，我所看到的正规军基本上是用英国、捷克斯洛伐克、德国和美国机关枪、步枪、自动步枪、毛瑟枪和山炮装备起来，这些武器都是那些国家大量地卖给南京政府的。

《红星照耀中国》267 页
《红星照耀中国》(青少版) 216 页

【点拨】

  《红星照耀中国》是纪实文学作品。这类作品的真实性是第一位的，作者必须通过自己的亲历采访或者依据客观的历史文档等材料，反映历史或现实生活中的人物或事件。

  选段 1 中，作者用"把我和共产党员在一起这些日子所看到、所听到而且所学习的一切，作一番公平的、客观的无党派之见的报告"这句话明确地告诉读者，本书内容来源于"所看到""所听到""所学习的"，是自己的亲历，表明了内容的真实性；而且作者是一位"无党派之见"的外国记者,更能表明所写内容的客观性。

选段2,表明了书中的所描写的人物和这些人物身上所发生的故事,都是作者直接或间接得到的素材。如:作者的亲眼所见,红军领导人本人或他人的口述,通过与战士、农民、工人、知识分子的交谈等。作者没有夸大与虚构,体现了所写人物及事件的真实性。

选段3,用数字说话更能体现材料的确凿。本书多处运用数字来说明问题,这一选段的前半部分,用数字表明了长征战事频繁,异常艰苦;后半部分的统计数字(十八条山脉、二十四条河流、十二个省份、六十二座城市、十个地方军阀包围)反映出长征的艰苦、伟大以及长征所取得的成绩。

选段4,写的是作者的一次思想认识的转变,文中运用了"我原以为""因为我看到""我可以作证""我所看到的"等词语,表明作者用亲眼看到的事实教育了自己,使自己发生了认识上的转变,同时也告诉了读者事实的真相。

通过对以上几个小片段的简析,我们初步可以看出这本书的一个特点:内容客观真实。下面我们再做进一步探讨。

第一,这本书的体裁是纪实文学,体裁决定了材料的来源必须真实。作者是第一个进入陕甘宁边区采访的外国记者,他带着对红军和革命政权的许多疑问,想要"揭秘"所谓"赤匪"的真相。四个月的采访使他对红军及其领袖有了全面了解。当国民党污蔑共产党的军队而外界不知实情的时候,是作者公正客观地把他们的真实形象传播到国内外,让西方人看到在贫瘠的中国西北土地上，那些中国共产党人正在为争取民族独立而进行极其艰苦的斗争，这些人的使命感、远见卓识和百折不挠的精神，是中华民族的希望之光。斯诺的报道相当程度上改变了当时国际上对"红区"的偏见，不仅国内许多进步青年冲破阻碍来到陕北，国际上也刮起一股红色的旋风。该书成为了解中国共产主义运动的必读书，也成为许多外界人认识红军和中国共产党的新起点。受斯诺影响，西方的一些记者、作家也相继来到延安。正是由于《红星照耀中国》的客观性和真实性，使它有了活力和权威性。另外，书中大量的照片和数据，也为材料的真实性提供了佐证。

第二，事件与人物真实。在书中，斯诺既是一个观察者、采访者，也是一个叙述者和评论者，他根据采访的路线、进程、所到达的地域，将亲自掌握的第一手材料以及采访过程中所有进入他的视界的地点、事件及人物写入书中。本书记叙的主要事件是长征，包括第五次围剿、举国大迁移、大渡河英雄、过大草地，再加上后面写创立苏区等，可以说是全程书写。然而作者来延安的时候，中央红军的长征已经结束了，他是通过调查采访来写长征的。那么多的事件、那么多的战役、那么多的人物，很难想象出他倾注了怎样的情感，付出了怎样的努力。这本书主要的叙述框架是通过一个个人物形象的出现而逐步搭建起来的。他笔下的人物有：领袖人物、红军战士、少先队员、工人农民等，这些人物不论着墨轻重，个个生动鲜活、饱满自然，他们有理想、有情怀、有非凡的魅力。在饮食、住宿、开会、舞会、恋爱，甚至房屋摆设、身体语言等有趣的细节描写中，我们能感受到他们都是真实存在的、实实在在的人，而不是模式化的人物。斯诺为此采访的人物不计其数，有毛泽东、周恩来、彭德怀、贺龙等中国共产党的领导人和红军将领，也有不起眼的小人物，广泛的采访使他获取了第一手资料，也就是最客观、真实的资料。

另外，本书还具有神奇的预见性。《红星照耀中国》成书的日期，是中国共产党最困难的时期之一。而作者当时就预言了，红军必然胜利，最终也正如作者所说的那样！无论是初次阅读还是重读这部作品，我们都会感到斯诺在那个年代具有超人的先见之明。

如他所写："假使他们的这些要求以及推动他们前进的运动是可以复兴中国的动力，那么，在这个极其富有历史性的意义上，毛泽东也许可能成为一个非常伟大的人物。"在谈到那个年代中国共产党的基本政策时，斯诺认为："这些政策很可能成为造成中国命运发生根本变化的重要手段。"

这些神奇的预言，从另一个角度间接证明了书中所写内容的真实，作者的预言不是凭空而来，他通过采访和实地了解，感受到了中国共产党和工农红军是中国的希望所在。正如著名历史学家费正清先生评价说，《红星照耀中国》经受住了时间的考验，它不仅是一份历史记录，而且阐明了时代的发展趋势。

综上所述，客观真实是本书内容的特点，也正是它为什么具有历久弥新的生命力的重要原因。

【探究】

1.在读《红星照耀中国》的过程中，我们随时可以感受到作者客观、公正、真实的描述，请从书中找出两个段落，具体

说一说。

2.从《红星照耀中国》的插图中选出一、二张，说说它们与书中的哪些章节或段落相关联，并仔细观察插图中的人物，说说你的发现。

★ 二、表达的感染力

【思考】

  1. 读一读原著第一篇第一节《一些未获解答的问题》，数一数在这一节里，有多少个疑问句？都问了哪些方面的问题？说一说，作者开篇提出这么多问题的目的是什么？

  2. 以下三段话均为几个不同篇章的结尾，想一想，他们有什么共同特点？你读后有怎样的感觉？

  （1）但是在前面等待着我的是一场险遭不测的事件，以致后来谣传我被土匪绑架杀掉了。其实，土匪早已在那寂静的黄土山壁后边跟踪着我了——只不过不是赤匪而是白匪而已。

  （2）这种个人的历史，我后来在红军许多其他领导人身上也会不断听到，只是细节上有很多的不同。我想读者要想知道的，就是这样的故事。下面就是这个故事。

  （3）"一边战斗一边学习"，这对任何军队来说都是一句新鲜的口号，但是在中国，它有点使你难以相信。共产党向我保证，如果我到前线去，我可以看到这是怎样做到的。不久之后，他们

真的劝我上了马,送我上路——但是主要不是去考察教育。

《红星照耀中国》35页、114页、242页

《红星照耀中国》(青少版)29页、93页、196页

3. 阅读以下选段,说说描写的人物是谁?你是怎么判断出来的?

(1)个子高出一般的中国人,背有些驼,一头浓密的黑发留得很长,双眼炯炯有神,鼻梁很高,颧骨突出……

你觉得他的身上有一种天命的力量。他有着中国农民的质朴纯真的性格,颇有幽默感,喜欢憨笑……但是这种孩子气的笑,丝毫也不会动摇他内心对他目标的信念。他说话平易,生活俭朴,有些人可能以为他有点粗俗。然而他把天真质朴的奇怪品质同锐利的机智和老练的世故结合了起来。

(2)一天早上,这位五十五岁的长征老战士来到了我在外交部的房间,满面春风,身上穿一套褪色的制服,红星帽的帽檐软垂,慈蔼的眼睛上戴着一副眼镜,一只腿架已经断了,是用一根绳子系在耳朵上的。这就是财政人民委员。

《红星照耀中国》69页、233页

《红星照耀中国》(青少版)57页、189页

4. 阅读以下选段,说一说在描写艰苦的战斗生活的篇章里,你喜欢这样清新优美的景物描写吗?

(1)很少有真正的山脉,只有无穷无尽的断山孤丘,连绵不断,好像詹姆斯·乔伊斯的长句,甚至更加乏味。然而其效果却常常

像毕加索一样触目,随着日光的转移,这些山丘的角度陡峭的阴影和颜色起着奇异的变化,到黄昏时分,紫色的山巅连成一片壮丽的海洋,深色的天鹅绒般的褶层从上而下,好像满族的百褶裙,一直到看去似乎深不及底的沟壑中。

(2)与陕西和甘肃的无穷无尽的山沟沟相比,我们走的那条路——通向长城和那历史性的内蒙草原的一条路——穿过的地方却是高高的平原,到处有长条的葱绿草地,点缀着一丛丛高耸的野草和圆圆的山丘,上面有大群的山羊和绵羊在放牧啃草。兀鹰和秃鹰有时在头上回翔。有一次,有一群野羚羊走近了我们,在空气中嗅闻了一阵,然后又纵跳飞跑躲到山后去了,速度惊人,姿态优美。

《红星照耀中国》61页、303页

《红星照耀中国》(青少版)50页、245页

【点拨】

《红星照耀中国》不仅是当年新闻报道领域的巨大成果,而且在纪实文学创作的艺术手法上也成为同类作品的典范。它的叙事角度、人物刻画以及环境描写均十分精彩。下面我们就结合上面的思考题做一下探究。

第一,别具一格的结构方式

读这本书,我们常有爱不释手的感觉,拿起来就想一口气读完,为什么呢?这和本书的结构安排有关。打开书,看序言、目录,我们立刻了解了整本书的主要内容,获得了对作品的整体印象。再看具体写法,它有点像中国古典小说,以一章或一回(本书是

一篇或一节）集中写一个人物或一个事件，逐一展现四个月中所经历的见闻。在一章或一回结束时，用"且听下回分解"式的悬念引入下一个章回，环环相扣，将对多个单人的采访组合成群体形象，将多个单一事件连缀成整体报道。如思考2中的选段（1），你一定会想"一场险遭不测的事件"是什么事件？怎么"又谣传我被土匪绑架杀掉了"？带着这样的疑问，你会迫不及待想看下一章。又如选段（3），"如果我到前线去，我可以看到这是怎样做到的""他们真的劝我上了马，送我上路"，下一篇章的题目就是《去前线的路上》，内容紧扣上一篇章结尾的疑问。

在这本书中，作者极善设置悬念，以替读者揭开谜底的方式叙述。如思考1，在作品一开头，作者就以疑问句的方式提出了几十个问题，内容涉及多个领域，毫不避讳地写到了人们对于红色中国的各种疑虑，在行文中还穿插了各种打破以往臆想的经历。在故事的主人公本身就充满神秘感的前提下，这种叙述方式更令人兴趣大增。

另外，在读这本书时，我们会感觉不仅仅了解了那时那地所发生的那些事，认识了那些人，还会了解到与之相关联的人物、事件和背景，对那个时代所发生的事件有一个整体的、立体的了解，这也是作者纵横驰骋，今昔勾连的高超写作技巧的体现。作者在行文叙述中加入大量的背景性信息，穿插了陕北根据地的风俗民情，加深了我们对事件的理解和关注；不仅提供了事件发生的过程，还对事件的来龙去脉、事实与周围环境的联系、事实内部的因果关系等展开了叙述。这些加入的背景性知识，也是中国革命运动的史实，甚至是一种历史经验和教训的总结。所以，我们读的虽然只是这一本书，但感觉到的却是在读中国共产党的成长历史。

第二，出神入化的人物描写

斯诺在这部作品中成功地刻画了众多人物形象，人物描写可谓精彩绝伦。大到领袖人物，小到普通民众，作者用生花的妙笔使苏区的各色人物活了起来。

思考3中的选段（1）描写的是毛泽东，这与我们以往看到的对毛泽东高大、威严、神圣不可侵犯的形象大相径庭，斯诺笔下的毛泽东具有"质朴纯真的性格"，他"颇有幽默感,喜欢憨笑""孩子气的笑"，这样的描写更让我们感觉到了领袖人物的亲切和真实。

思考3中的选段（2）描写的是长征老战士林祖涵，"眼睛上戴着一副眼镜，一只腿架已经断了，是用一根绳子系在耳朵上的"。一个财政人民委员，戴着这样一副眼镜，无须赘述，足见当时红军领导干部的简朴与廉洁。作者通过这样一个细节，把人物的相貌特征、人格魅力都淋漓尽致地表现出来了。又如作者笔下的周恩来："他个子清瘦,中等身材,骨骼小而结实,尽管胡子又长又黑,外表仍不脱孩子气，又大又深的眼睛富于热情。他确乎有一种吸引力，似乎是羞怯、个人的魅力和领袖的自信的奇怪混合的产物。他讲英语有点迟缓，但相当准确。"作者通过自己细致的观察和生动的描写，刻画出了青年红军领袖们的真实生活情态，让一个个领袖人物立体而丰满。

思考3中的选段（3）是对那些"红小鬼"的描写，看着这些"红小鬼"我们都可以想象出他们脏兮兮但却淳朴可爱的样子。还有一定要拿到彭德怀签署的"路条"才放彭德怀本人通行的少先队员们，在斯诺幽默风趣的叙述里，甚是可爱。我们从中感受到

了他们的积极乐观、生机勃勃、勤劳勇敢、聪明好学的精神。也正是他们,给"红色中国"增添了无限的希望与活力。

作者在他的自传《复始之旅》中写道:"我最感兴趣的主要是人民,各种各样的人,他们的思想、言谈和生活。"从斯诺火车上偶遇的老者,到飞夺泸定桥的敢死队队员,还有穿得破破烂烂、头上拖着辫子的农民,这些普通人的群像组成了红区真实鲜活的生活画卷。

仔细品读,我们可以发现作者的描写手法多种多样,有正面描写与侧面描写、共性描写与个性描写、重要人物描写与普通人物描写、特定场景表现与细节描写、客观人物描写与作者主观评价相结合……不同描写手法的运用,增添了本书的可读性和耐读性,这也是它之所以成为经典的重要原因之一。

第三,充满诗情画意的景物描写

除了对重大历史事件与重要历史人物进行抒写外,作者对自然环境的描写也同样出彩。思考4是作者的两段景物描写,在他的笔下,荒凉贫困的陕北竟然美得像一幅迷人的图画,这充分表现出作者当时愉悦的心情。像这样的景色描写在书中并不少见,斯诺在对自然环境精心描写的同时,还将自己与自然环境融合在一起,使自然环境超越自身的客观属性,既是人物活动的场所与背景,同时又起到了暗示社会环境、刻画人物心理、深化作品主题的作用,而且还使作品充溢着浓厚的文学意蕴。

比如,在本书的开篇,作者描述了三十年代歌舞升平的北平,而就在一千多公里外的陕北,却发生着饥荒与战乱。他这样写道:"那是六月初,北京披上了春天的绿装,无数的杨柳和巍峨的松柏把紫禁城变成了一个迷人的奇境；在许多清幽的花园里，人们很难相信在金碧辉煌的宫殿的大屋顶外边，还有一个劳苦的、饥饿的、革命的和受到外国侵略的中国。在这里，饱食终日的外国人，可以在自己的小小的世外桃源里过着喝威士忌酒掺苏打水、打马球和网球、闲聊天的生活，无忧无虑地完全不觉得这个伟大城市的无声的绝缘的城墙外面的人间脉搏。"

又如："这是一个美丽的夜晚，晴朗的夜空闪耀着北方的繁星，在我下面的一个小瀑布流水淙淙，使人感到和平与宁静。因为长途跋涉的疲乏，我倒头就睡着了。"一个倒头就睡的环境，在作者笔下也充满了诗意。

这些充满诗情画意的场景描写，显示了作者高超的文学水平，同时也让读者赏心悦目。

总之，本书以高超的写作技巧，生动而丰富地描述了红色根据地大大小小的人物与事件，将这段波澜壮阔、激情燃烧的岁月鲜活地呈现在我们眼前，让我们为这段历史所震撼。

【探究】

1. 阅读第三篇中每一节的结尾和它下一节的开头，看看他们之间有什么关联，体会这样写的好处。

2. 作者在本书中描述了许多人物，他们个个生动鲜活、饱满自然。除了我们所举的例子之外，另选一个人物具体说一说。

3. 作者非常注重细节描写，你在阅读过程中，一定有哪个人物的细节或者场景的细节，让你眼前一亮或者怦然心动，找出来和大家分享。

⭐ 三、情怀的魅力

【思考】

阅读下面选段,能看出作者怎样的情感与精神品质?

选段 1

我有生以来第一次蓦然看到了人们因为没有吃的而活活饿死。我在绥远度过的那一段噩梦般的时间里,看到了成千上万的男女老幼在我眼前活活饿死。

你有没有见到过一个人——一个辛勤劳动、"奉公守法"、于人无犯的诚实的好人——有一个多月没有吃饭了?这种景象真是令人惨不忍睹。挂在他身上快要死去的皮肉打着皱褶;你可以一清二楚地看到他身上的每一根骨头,他的眼光茫然无神,他即使是个二十岁的青年,行动起来也像个干瘪的老太婆,一步一迈,走不动路。他早已卖了妻鬻了女,那还算是他的运气。他把什么都已卖了——房上的木梁,身上的衣服,有时甚至卖了最后的一块遮羞布。他在烈日下摇摇晃晃,睾丸软软地挂在那里像干瘪的橄榄核儿——这是最后一个严峻的嘲弄,提醒你他原来曾经是一个人!

儿童们甚至更加可怜,他们的小骷髅弯曲变形,关节突出,骨瘦如柴,鼓鼓的肚皮由于塞满了树皮锯末像生了肿瘤一样。女人们躺在角落里等死,屁股上没有肉,瘦骨嶙峋,乳房干瘪下垂,像空麻袋一样。但是,女人和姑娘毕竟不多,大多数不是死了就是给卖了。

我并不想要危言耸听。这些现象都是我亲眼看到而且永远不会忘记的。在灾荒中,千百万的人就这样死了,今天还有成千上万的人在中国这样死去。

《红星照耀中国》212页

《红星照耀中国》(青少版)173页

选段2

我们都知道,要对红色中国有所了解,唯一的办法就是到那里去一趟。但我们推托说"没有法子"。有少数人尝试过,但失败了。这就被看成是做不到的事。大家都认为没有谁能够进了红区后活着回来的。在报纸受到像意大利或德国那样严格检查和管制的国家里,长年累月的反共宣传就有那么大的力量。

后来,到一九三六年六月,我的一位中国好友带给我中国西北出现了使人惊讶的政治局面的消息——这后来终于导致蒋介石总司令被扣的惊人事件,扭转了中国历史的潮流。但是,当时对我来说更重要的是,我在得到上述消息的同时,了解到我可能有办法进入红区。这需要我立即动身。机会千载难逢,不能错过。我决定抓住这个机会,设法打破这一已经持续了九

年的新闻封锁。

《红星照耀中国》7页
《红星照耀中国》(青少版)6页

【点拨】

　　《红星照耀中国》能够成为经典,还在于它超越地域、时间、民族的价值和意义。本书之所以在世界各地都拥有读者,能够引起不同国家民族人们的共鸣,是因为他通过笔下那些充满朝气和追求理想的人物,向人们展示了黑暗时期中国的希望,形成了关于情操、信仰、牺牲、英雄、崇高等概念。作者用自身美好的情感和精神品质,成就了这部作品。他的济世情怀、职业操守、探索精神,至今仍被人们所赞扬。

　　第一,悲天悯人的情怀

　　斯诺初到上海时,看到的是一派"歌舞升平,太平盛世"的假象,因此"曾错误地认为整个中国也是这种情况"。接着,由于采访报道的需要,斯诺"在中国转了一大圈",足迹遍及长江下游和大运河沿岸所有历史上有名的地方,最后到了北京。但是,"令人大开眼界和心旷神怡的日子慢慢过去了",他来到了"北京以西令人毛骨悚然的死亡地带"。在这里斯诺目睹的是赤地千里,饿殍遍地。如选段1描述的情景。这是斯诺"一生中一个觉醒的起点"。这一情景是"最令他震惊的一幕",深深地嵌入他的脑海。

　　眼睛只有向下看,思想的高度才能得到提升,从而淬炼出永恒的作品。当斯诺看到了生活在底层的劳苦大众的悲惨遭遇时,悲天悯人的情怀自然地流露出来。他在"死亡和捐税"一章里这样写道:"我在陕西遇到的一个传教士告诉我,他有一次曾经跟着一头猪从养猪人到消费者那里,在整个过程中,看到征了六种不同的税。甘肃的另外一个传教士谈到,他看到农民把家里的木梁拆下来(在西北木料很值钱)运到市场上去卖掉来付税。"斯诺关注这些底层人群的生活与命运,并从中发现了推动社会变革的动力。

斯诺心地善良,富有同情心和正义感,憎恶强权暴力,笃信平等自由。他同情灾难深重的中华民族,同情饱受凌辱的中国人民。

斯诺中国情结的核心是对中国人民的关爱。他并没有把自己置身于某种特定的意识形态的框架之内,他的判断基于旧中国备受欺凌的广大人民,人民能否受益是斯诺对于事实、战争、党派的价值判断取向。正是这种悲天悯人的情怀,赢得了不同国家、不同种族、不同党派的读者在心理和情感上的认同。

第二,独立公正的职业操守

斯诺是职业新闻工作者,这本书渗透了他对职业精神的坚守。选段2是整本书第一篇第一节的第一段,他开篇便发出了质疑声,面对着"没有比红色中国的情况是更大的谜,更混乱的传说了"这样一个现实,他坚信只有去"红色中国",才能了解红军、苏维埃、共产主义的真实面目,任何人的解释都无法代替事实本身。正如斯诺自己后来坦言:"我不是共产党人。我不属于任何一个政治组织。我并不想用自己的经济或政治理论去解释当今的局势变化,不管这些理论是马克思的、列宁的、墨索里尼的或罗斯福的。"从中可以看出，他是一个坚持新闻报道独立性的记者。

斯诺在延安，深刻感受到了和国民党白区完全不一样的中国人的精神风貌，他被这些甘愿抛弃正常生活的青年男女们所感动，但尽管如此，斯诺依然没有放弃自己的独立视角，没有因感情而在报道上有所偏倚，他恪守着新闻报道的真实原则这一生命线，于是这本书不仅是一本新闻报道集，更成为难得的珍贵史料。这就是斯诺的伟大之处，也是这本书的伟大之处。这就是为什么我们今天读到的是一部这么平实而又极为审慎的作品，而不是一部充满着"情怀"和"立场"的应景之作。

中立客观的政治立场与专业全面的新闻素养，造就了这部作品，成就了这位"延安故事"的最佳讲述人。

第三，勇于探索的精神

探索精神在《红星照耀中国》里也有鲜明的体现。选段2就是一个很好的例证。去陕北之前，斯诺设定了八十多个问题，表现出斯诺具有强烈的追问意识。实际上，立志要采写关于中国共产党主题的新闻，在当时是一个既艰难又偏门的决定，需要作者具备反潮流的勇气和慧眼识金的眼力。且不说去红区山高路远、危险重重，单就当时的形势而言，这是一个并不让人看好的主题。对大部分的记者而言，由于听信国民党政府的反共宣传，或因为自身缺乏判断力，对红色中国怀有轻视甚至不屑，更不愿冒着生命危险、费尽周折前去采访。而斯诺保持了混乱形势下的清醒，凭着敏锐的嗅觉、勇于探索的精神和对时局的超常判断能力，坚定了自己的选择。

斯诺有着十分强烈的冒险精神。记者是一种带有风险性的职业，在战争年代突破层层封锁寻求真相更是如此。他在书中写道："这样做要经历怎样的艰难险阻？我可不知道。但是在国民党——共产党交战的这些年月里，已经有无数人牺牲了生命。那么，以一个外国人的生命去冒险，以求得对事实真相的了解，还有比这更值得的吗？"从延安返程时，为通过国民党军队设置的重重关卡，他把十二本笔记本和二十四卷胶卷暗藏在装杂物的袋子里，可见当时的危险性之大，但作者义无反顾。

斯诺探索精神的价值在于，他的背景是整个世界。斯诺探访陕北，更深刻的意义是探索共产主义这一新生力量未来的发展趋势。中国共产党在西北的存在，使斯诺感到它将决定世界格局，影响历史进程，当然也会影响到中美关系。具有探索精神的经典一定富有真知灼见和远见卓识，因为它探触到了事物的核心和本质。

总之，《红星照耀中国》的成功与斯诺自身的精神品质和专业素养密不可分。他在适当的时候，去关注最关乎中国命运的群体与事件，并且亲身走到他们当中，广泛地采访、调查，并且以一个外国人的身份，从更高角度、更深层次去引领我们思考、分析和解读整个事件和认识这个群体，让更多的人了解、触动、感慨、进而思考、分析和行动。这些都充分体现了斯诺作为新闻记者、历史记录者、文学作家的职业精神和深厚素养，也奠定了本书的经典地位。

当我们从内容、写法、情感三方面分析完以后，我们再来回答：是什么使《红星照耀中国》这部纪实文学作品的魅力历久不衰、脍炙人口呢？你一定能找到很多词语来表达，比如，内容翔实，史料丰富，论理透彻，文字优美，引人入胜，洞察入微，高瞻远瞩……是的，正是由于这些，使本书成为纪实文学史上一座巍峨的不朽丰碑。

今天，当我们坐在明亮的屋子里，享受充满阳光的美好生活的时候，这本书把我们带回了战火纷飞的年代。让我们从中感受到中国共产党人的理想信念与胸襟气度，体味到老一辈革命者创建新中国的艰难与辉煌，领略到历史发展的深沉与凝重。让我们追寻着这段真实的记忆，享受着前辈们留给我们的精神食粮，传承着他们精神品质，将我们的祖国建设得更加美好。

【探究】

1. "一千个读者，就有一千个哈姆雷特"。你是如何评价这本书的？说出依据。书中的哪个事件、哪个人物、哪个场景给你留下的印象最深刻？说出理由。读后有哪些感想，写一篇500字的读后感。

2. 读这本书之前，我们对领袖、中国共产党、红军、长征、红色革命根据地、五次反围剿……可能都有一些了解。读了这本书，你的认识有没有改变或加深，说出来和大家分享。

3. 以下是《红星照耀中国》三个不同版本的封面，你更喜欢哪一个？说说理由。通过网络，查询一下封面吹号的红军战士是谁？他有怎样的故事？

专题五　探寻作品历久弥新的生命力

4."不忘初心，牢记使命"，读了这本书，你一定了解了中国共产党的"初心"和"使命"是什么，请概括说一说。假如现在请你去做"不忘初心，牢记使命"的演讲，你准备选用书中的哪些素材，为什么？

专题六

跟斯诺学讲中国故事

★ 谁在讲：发现纪实文学的讲述者
★ 对谁讲：关注纪实作品的接受者
★ 讲什么与怎样讲：纪实作品的内容与表达
★ 通过纪实作品阅读，学习讲好中国故事

《红星照耀中国》这本书自二十世纪三十年代出版后，无论在中国还是在欧美都受到广大读者的欢迎，很大程度上改变了苏区之外的中国和世界对红军、对中国共产党的认识。时至今日仍然受到中外读者的喜爱。这自然是由于红军长征、根据地建设、延安生活等历史本身具有极大的吸引力和超越时代的生命力，另一方面，也与作为新闻记者的埃德加·斯诺对红军历史及中国共产党老一辈革命家故事的精彩讲述不无关系。

　　那么，斯诺是如何"讲苏区故事"的呢？我们今天要"讲好中国故事"可以从斯诺《红星照耀中国》的写作中学到一些什么呢？我们今天怎样才能真正"讲好中国故事"呢？这个专题的学习，可能会让你在这一方面学有所获。

★ 一、谁在讲：发现纪实文学的讲述者

【思考】

《红星照耀中国》这本书为我们讲述了共产党人和红军民主革命、北上长征、苏区建设的真实故事，那么这些故事是由谁讲述的呢？

从表面上看，这个问题很好回答，你甚至可以脱口而出："斯诺！是斯诺在讲述这个故事！"没错，美国记者埃德加·斯诺是这部纪实作品的作者，是这部书的著作权人。但，作为一部纪实作品，作品中所描述的事件、史实等的讲述恐怕不只有作者本人，作者，或者记录者，往往只是讲述者之一（虽然常常是非常重要的讲述者）而并非唯一讲述者。

一部纪实作品（新闻作品、报告文学、见闻录，甚至史传等）的讲述者往往是多元的，在一部作品中，不同身份、不同立场的人，特别是不同身份、不同角色的亲历者，常常可以从各自的视角对纪实作品中的人和事做出介绍或描述，这些讲述者各自的讲述，和作者的观察与描述一起，构成了一部纪实作品的叙述。多

元讲述者的描述,让我们能够从更多角度、更全面地认识和理解新闻事件或时事热点等内容。同时,多元讲述,特别是不同立场、不同身份的亲历者的视角,往往会有更加客观真实的特点。一个好的作者,往往不会"垄断"讲述的权力。

那么,在这部纪实作品中,包括作者在内,还有哪些讲述者呢?这些讲述者各自有着怎样的身份和立场?他们的讲述分别有怎样的价值?

【思考】

请重读《红星照耀中国》,在作者斯诺之外,你认为还有哪些讲述者引起你的注意?请按照这些讲述者的身份进行分类并依据他们的讲述内容,标注其表达意义。

【点拨】

你在读这本书前几个章节时不难发现,斯诺对红军长征及延安苏区生活的记录,很大一部分来自中国共产党和红军的领导人物本身,包括毛泽东、彭德怀等。这些领导人物对斯诺讲述了他们的成长经历以及他们所亲历和领导的革命历史,斯诺将这些内容记录在《红星照耀中国》这本书中。因此,党和红军的领导人成为斯诺之外的主要叙述者。你也许会发现,这一部分叙述者实际上有着双重身份,他们既是历史和现实的讲述者,同时也是事件的主角,革命、长征、苏区建设的历史就是由他们"创造"的,他们不仅仅是亲历者,甚至可以说,是某种程度上的缔造者。因此,这一部分讲述者,其实也是"被叙者",斯诺要讲他们的故事,他

们也讲着自己的故事。

由这一点出发，你不难发现，同时承担"被叙者"和"讲述者"任务的，不仅仅是党和红军的领袖人物，斯诺所记录的革命历史不仅仅是领袖人物的个人传记，因此他的采访、他的笔触常常会涉及更多普通的红军战士或是普通党员。

【思考】

在这部纪实作品中，"被叙者"的声音被作者呈现出来。"被叙者"成为讲述者，可能会有哪些优势？有可能会存在哪些潜在的问题？

【点拨】

其实不难发现，"被叙者"是事件的亲历者，因此他们最熟悉事件本身，尤其是熟悉在他们的角度所见的真实的细节，这些细节使纪实作品的讲述更加生动也更加可信。毕竟，很多"事实"是除了亲历者本身之外无人知晓，或至少是鲜为人知的，因此，在纪实作品的叙述中重视"被叙者"的声音是非常必要的。

但是，对"被叙者"声音的直接记录或忠实转述也往往会带来新的问题：被叙者的"真实叙述"是否足够客观。即使不去怀疑作为"被叙者"的讲述者在讲述的过程中出于特定的目的而对所叙述的内容有所掩盖或篡改，作为这些历史的亲历者也往往会因为处在事件之中，成为当事一方而"当局者迷"，所谓"不识庐山真面目，只缘身在此山中"。简言之，越是当事人，越是亲历者，可能越难以"全局地"了解"真相"，他们所掌握的事实本身，通常情况下，只是"部分事实"或"事实的一个侧面"。更何况，在重大历史事件或社会新闻事件中，亲历者往往因其特定立场而难免在叙述中存在更多的主观态度。

因此，其他立场、其他身份的"亲历者"或"见证者"的声音亦不可忽视，他们的讲述将对"亲历者"的讲述形成印证或补充，在多主体的讲述中，纪实作品所记录的内容会更加趋近于真实历史本身。此时，相信你已经能够更好地完成"任务一"了。

【归纳】

如果你已经列出了你所认为的所有讲述者，并且将这些讲述者进行了必要的分类，下面的图示可能能够印证的探究成果。

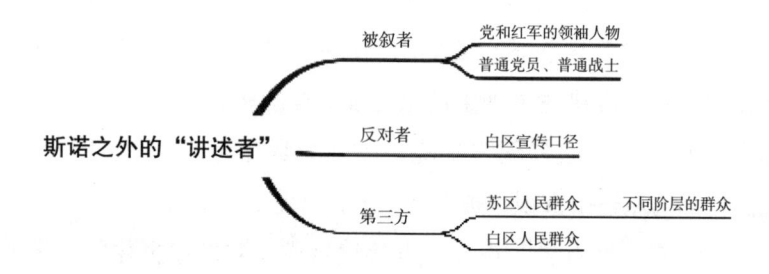

斯诺之外的"讲述者"
- 被叙者
  - 党和红军的领袖人物
  - 普通党员、普通战士
- 反对者
  - 白区宣传口径
- 第三方
  - 苏区人民群众 —— 不同阶层的群众
  - 白区人民群众

下面的几个选段里包含着来自斯诺之外的一些讲述者的声音。把几个选段放在一起呈现，我们将更容易看到在纪实作品中引入不同讲述者声音，所呈现出的写作价值。当你回到作品本身去关注这些讲述者的身份、处境、讲述目的，并且将所有的讲述放在一起做对应分析的时候，你会对那段历史有更好的判断，同时，你也会更好地理解为什么一部纪实作品要尽可能地引入多元的讲述者。当然，这些选段还只是一些示例，你在斯诺的作品中还会找到更多讲述者的更多声音。（需要说明的是，领袖人物毛泽东同志的讲述在《红星照耀中国》一书中有非常明显的体现，斯诺专门设"一个共产党员的由来"一章，几乎专门用来直接引述毛泽东同志的讲述。因此，在下面的"选段"中，我们没有再专门将毛泽东的讲述列举出来，读者可以回到书中去重读上述章节，以熟悉毛泽东同志讲述的内容。）

选段1

　　第二天早晨，我观察一下我的旅伴，看见一个青年人和一个面目端正、留着一绺花白胡子的老人，坐在我对面呷着浓茶。那个青年很快就跟我攀谈起来，先是客套一番，后来就不免谈到了政治。我发现他妻子的叔叔是个铁路职员，他是拿着一张免票证乘车的。他要回到离开七年的四川老家去。不过他不能肯定究竟能不能到家。据说他家乡附近有土匪在活动。

　　"你是说红军吗？"

　　"哦，不，不是红军，虽然四川也有红军。我说是土匪。"

　　"可是红军不也就是土匪吗？"我出于好奇心问他，"报纸上总是把他们称为赤匪或共匪的。"

　　"啊，可是你一定知道，报纸编辑不能不把他们称作土匪，因为南京命令他们这样做，"他解释说，"他们要是用共产党或革命者的称呼，那就证明他们自己也是共产党了。"

　　"但是在四川，大家害怕红军不是像害怕土匪一样吗？"

"这个嘛,就要看情况了。有钱人是怕他们的,地主、做官的和收税的,都是怕的。可是农民并不怕他们。有时候他们还欢迎他们呢。"说到这里,他不安地望了那老人一眼,那老人坐在那里留心地听着,却又显得并不在听的样子。"你知道,"他接着说,"农民太无知了,他们不懂得红军不过是要利用他们。他们以为红军说话是当真的。"

"那么他们说话不是当真的了?"

"我父亲写信给我,说红军在松潘取缔了高利贷和鸦片,重新分配了那里的土地。所以,你看,他们并不完全是土匪。他们有主义,这没有问题,但是他们是坏人。他们杀人太多了。"

这时,那花白胡子忽然抬起他那温和的脸孔,十分心平气和地说出一句惊人的话来:"杀得不够!"我们两人听了都不禁目瞪口呆地望着他。

《红星照耀中国》11 页

《红星照耀中国》(青少版)9 页

选段 2

邵力子阁下自己一度当过"共匪",现在再提这件事未免有些不恭。他事实上是中国共产党的一个创造者。但是我们不应当对他太严厉,在那些日子里,当共产党是一桩时髦的事情,没有人十分明白入党究竟意味着什么,只知道许多有才华的青年都是共产党。后来邵力子反悔了;因为在一九二七年以后,当共产党是怎么一回事,已经可以看得十分清楚了,那是可以叫你脑袋搬家的。此后邵力子便成了一个虔诚的佛教徒,再也没有表现出信仰异端的痕迹了。

"现在红军怎么样了？"我问他。

"没有留下多少了。在陕西的不过是些残余。"

"那么战事还在继续？"我问。

"不，现在陕北没有多少战斗。红军正在转移到宁夏和甘肃去。他们似乎要跟外蒙古取得联系。"

他把话题转到西南的局势，当时那里的反叛的将领正在要求出兵抗日。我问他，中国应不应该同日本打仗。他反问道："我们能打吗？"接着，这位信佛的省主席将他对日本的看法如实地对我说了，但不允许我发表，正像那时所有的国民党官员那样，他们对日本的看法可以告诉你，但是不能发表。

这次访问以后几个月，可怜的邵力子和他的总司令一起，就为这个抗日问题，被张学良少帅部下的一些反叛的年轻人弄得狼狈不堪，他们不再讲理了，不再接受"也许有一天"这样的答复了。而邵力子的那位小胖子夫人——从莫斯科回来的留学生，后来也"叛变"的前共产党员——则受到一些反叛分子的围困，奋勇拒捕。

可是，在我们那次谈话的时候，邵力子对于这一切并没有透露出半点预感来，我们经过交换意见，在看法上已有极为接近之处，我该向他告别了。我已经从邵力子那里弄明白我要知道的事情。他已经证实了我在北京的熟人通知我的消息：陕北方面的战斗已暂时停止。因此，如果有适当的安排，到前线去应当是可能的。于是我就着手进行这些安排。

《红星照耀中国》15页
《红星照耀中国》（青少版）13页

选段3

在开了枪眼的雉堞上刚兜了一半,我就遇见了一队号手——这时总算在休息,这叫我感到高兴,因为他们的响亮号声已接连不断地响了好多天了。他们都是少年先锋队员,不过是小孩子,因此我停下来对其中一个号手谈话时就采取了一种多少是父辈的态度。

……

他告诉我,他今年十五岁,四年前在南方参加了红军。

"四年!"我不信地叫道。"那么你参加红军时准是才十一岁啰?你还参加了长征?"

"不错,"他得意扬扬有点滑稽地回答说,"我已经当了四年红军了。"

"你为什么参加红军?"我问道。

"我的家在福建漳州附近。我平时上山砍柴,冬天就采集树皮。我常常听村里的人讲起红军。他们说红军帮助穷人,这叫我喜欢。我们的家很穷。一家六口,我的父母和三个哥哥。我们没有地。收成一半以上拿来交租,所以我们老是不够吃。冬天,我们烧树皮汤喝,把粮食省下来作来春的种子。我总是挨饿。

"有一年,红军来到漳州附近。我翻过山头,去请他们帮助我们的家,因为我们很穷。他们待我很好。他们暂时把我送到学校去读书,我吃得很饱。几个月以后,红军占领了漳州,来到我们村子上。地主、放债的和做官的都给赶跑了。我家分到了地,用不着再缴税缴租了。家里的人很高兴,都称赞我。我的两个哥哥参加了红军。"

"他们现在在哪里？"

"现在？我不知道。我离开江西时，他们在福建的红军里，他们和方志敏在一起。现在我可不知道了。"

"农民喜欢红军吗？"

"喜欢红军？他们当然喜欢。红军分地给他们，赶走了地主、收税的和剥削者。"（这些"红小鬼"都有他们的马克思主义词汇！）

"但是说实在的，你怎么知道他们喜欢红军呢？"

"他们亲手替我们做了一千双、一万双鞋子。妇女给我们做军服，男子侦察敌人。每户人家都送子弟参加我们红军。老百姓就是这样待我们的！"

《红星照耀中国》323 页

《红星照耀中国》（青少版）262 页

【思考】

《红星照耀中国》这本书中存在着多元的讲述者，但作者毕竟是埃德加·斯诺本人，那么，斯诺本人承担怎样的讲述者角色？在这部纪实作品的写作中，斯诺承担怎样的任务？

【点拨】

思考这个问题，需要回归作品中斯诺本人的记述和自述中，在斯诺所叙述的与自己有关的文字。我们可以发现以下一些问题的答案：斯诺站在一个什么样的立场上去进行了采访和记述？为了写这本书他做了怎样的调查？他如何呈现多元讲述者的观点，并对这些观点做出判断？

寻找这些问题的答案时，我们既需要关注作品最前面的章节，关注斯诺动身赶往苏区前的预想和准备，更要关注斯诺到达苏区后对自己眼中所见的情形的记录，还要关注斯诺在不同人的叙述后时时出现的一些简短的评论或抒情。

选段4

　　这自然并不是说，共产党或红军或红军领袖，对我自己对于他们以及他们的工作的意见或印象，可以负责。因为我和共产党并无关系，而且在事实上，我从没有加入过任何政党，所以这一本书绝对不能算作正式的或正统的文献。

《红星照耀中国》8页
《红星照耀中国》（青少版）7页

选段5

　　我是到"红色中国"去。我所以"有点不舒服"，是因为我身上注射了凡是能够弄到的一切预防针。用微生物的眼睛来看一下我的血液，就可以发现一支令人毛骨悚然的队伍，在我的臂部和腿部注射了天花、伤寒、霍乱、斑疹伤寒和鼠疫的病菌。这五种病在当时的西北都是流行病。此外，最近还流传着令人吃惊的消息，说淋巴腺鼠疫正在陕西省蔓延开来，陕西省是地球上少数几处流行这种风土病的地方之一。

《红星照耀中国》10页
《红星照耀中国》（青少版）8页

选段6

　　我到西安府不久,就去拜访陕西省绥靖公署主任杨虎城将军。杨将军在一两年以前,在陕西那些未被红军控制的地区,还是个唯我独尊的土皇帝。

《红星照耀中国》12页
《红星照耀中国》(青少版)10页

选段7

　　对吴起镇这些工人来说,不论他们的生活是多么原始简单,但至少这是一种健康的生活,有运动、新鲜的山间空气、自由、尊严、希望,这一切都有充分发展的余地。他们知道没有人在靠他们发财,我觉得他们是意识到他们是在为自己和为中国做工,而且他们说他们是革命者!因此,我了解为什么他们对每天两小时的读书写字、政治课、剧团非常重视,为什么他们认真地参加在运动、文化、卫生、墙报、提高效率方面举行的个人或团体的比赛,尽管奖品很可怜。所有这一切东西,对他们来说都是实际的东西,是他们以前所从来没有享受过的东西,也是中国任何其他工厂中从来没有过的东西。对于他们面前所打开的生活的大门,他们似乎是心满意足的。

　　要我这样一个中国通相信这一点是很困难的,而且我对它的最终意义仍感到不明白。但是我不能否认我看到的证据。

《红星照耀中国》258页
《红星照耀中国》(青少版)209页

　　在以上选段和更多文本内容(比如作品开头《一些未获解答的问题》一节)的阅读中,我们不难发现,至少在动身之前,斯诺并没有预设的立场，他既与国民政府的一些官员熟悉，同时也结识了中国共产党党员，为了能够使自己苏区采访成行，他甚至寻求过两方的帮助，同时，像许多没有到过苏区的人一样，对苏区、对红军、对中国共产党，斯诺心中也难免会有一些固有误会或成见。

在整本书的阅读中，我们更能够发现，斯诺在苏区进行了广泛细致的考察，他既访问了中国共产党和红军的干部、普通党员、普通士兵，又访问了很多普通农民群众，除了访谈外，还对苏区生活的方方面面进行了自己的观察和记录。他记录了不同人的声音和自己的见闻，但对于这些讲述，甚至对于自己眼中所见的场景，他都在承认事实的基础上，保持了怀疑与追问，最终使他所关心的问题得以澄清。作为本书作者的埃德加·斯诺，无疑是这部纪实作品最重要的讲述者，以下一些特点使得他更好地承担起了主要讲述者的任务。

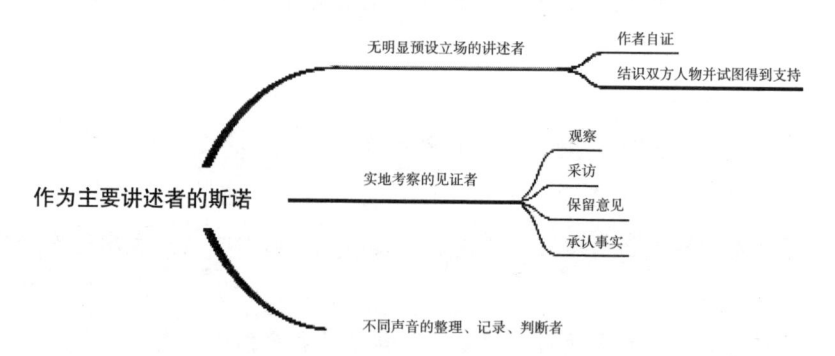

作为主要讲述者的斯诺
- 无明显预设立场的讲述者
  - 作者自证
  - 结识双方人物并试图得到支持
- 实地考察的见证者
  - 观察
  - 采访
  - 保留意见
  - 承认事实
- 不同声音的整理、记录、判断者

【探究】

在前两个环节的思考中，我们看到了多元讲述者的存在及其各自价值，也看到了斯诺作为主要讲述者的价值，那么，《红星照耀中国》这种多元讲述者声音的呈现有什么好处？对我们今天"讲好中国故事"又有怎样的启示呢？

★ 二、对谁讲：关注纪实作品的接受者

【思考】

重读《红星照耀中国》这部作品的作者自序和第一章内容，思考斯诺决定到苏区采访并写作这本书的原因是什么？他写作这本书时的假想读者是哪些人？文中的哪些语句或语段让你做出了这样的判断？

选段1

事实是，在世界各国中，恐怕没有比红色中国的情况是更大的谜，更混乱的传说了。中华天朝的红军在地球上人口最多的国度的腹地进行着战斗，九年以来一直遭到铜墙铁壁一样严密的新闻封锁而与世隔绝。千千万万敌军所组成的一道活动长城时刻包围着他们。他们的地区比西藏还要难以进入。自从一九二七年十一月中国的第一个苏维埃在湖南省东南部茶陵成立以来，还没有一个人自告奋勇，穿过那道长城，再回来报道他的经历。

《红星照耀中国》2页
《红星照耀中国》（青少版）2页

选段2

　　这一本书出版之后，居然风行各国，与其说是由于这一本著作的风格和形式，倒不如说是由于这一本书的内容吧。……自从这本书在英国第一次出版之后，远东政治舞台上发生了许多重大的变化。

《红星照耀中国》8页

《红星照耀中国》（青少版）7页

选段3

　　现在这本书的出版与我无关，这是由复社发刊的。据我所了解，复社是由读者自己组织起来的非营利性质的出版机关。因此，我愿意把我的一切材料和版权让给他们，希望这一个译本，能够像他们所预期那样，有广大的销路，因而对于中国会有些帮助。

　　承译者们允许留出一些地位，使我有机会作这一番说明。而且承他们看得起，费了很多气力翻译出来，认为这本书值得介绍给一切中国读者。对于他们我是十分感激的。

　　谨向英勇的中国致敬，并祝"最后胜利！"

《红星照耀中国》12页

《红星照耀中国》（青少版）10页

【点拨】

　　在以上选段和更多文本内容的阅读中，我们会发现，斯诺是以一名西方记者的身份来到苏区的，而采访的最原初的动机，是一个西方人对于苏区种种情况的好奇，以及西方人所固有的那种冒险的精神和兴趣。他的好奇本身也代表了很多西方人同样的好

奇。这本书首先在西方出版，而后才以"中译本"形式与中国读者见面，由此可知，斯诺写这本书时的假想读者，首先是西方人，尤其是那些与他之前一样，对中国苏区乃至整个中国感兴趣却又知之甚少而产生各种问题的西方人。

而当这部作品第一次在中国出版时，斯诺表达了他热情的支持与祝福，更表达了希望这本书"对于中国会有所帮助"的愿望。对这本书可能在中国产生的影响，斯诺是有所预见的，甚至可以说，在他调查、采访，并撰写书稿的过程中，他很可能已经意识到，一些中国读者，特别是苏区之外的中国读者也将成为这部作品的读者群。

【思考】

斯诺的《红星照耀中国》是否体现出了纪实作品写作者的读者意识？他在写作过程中为这本书的读者做了一些什么，以便消除阅读障碍或避免误读？

选段4

①老百姓的字面意思就是"一百个姓氏"，中国口语中指普通人。
①一华亩约等于六分之一英亩

《红星照耀中国》20页、61页脚注
《红星照耀中国》（青少版）24页、50页脚注

选段5

刘志丹不但没有反诘张先生凭什么权利批评他，反而乖乖地

接受了他的决定，放弃了一切实际指挥权，像阿基利斯一样，退到保安窑洞里去生闷气了！

《红星照耀中国》210页

《红星照耀中国》（青少版）171页

选段6

保甲的字面含义就是"保长甲长"。这个制度规定每十户农民必须有个甲长，保证他们循规蹈矩，使当地县长满意。这是一种连保制度，一个保甲里的任何一个人如果犯了罪，整个保甲的人都要负责任。当初蒙古人和满洲人就是用这个办法统治中国的。

用这个方法来防止农民组织反叛，几乎是无往而不胜。因为保甲长几乎总是富农、地主、开当铺或放债的，他们是最最积极的，自然不愿"担保"任何具有叛逆倾向的佃户或债户。无人担保是一件十分严重的事情。一个无人担保的人，可以用任何借口，当作"嫌疑分子"投入牢狱。

《红星照耀中国》39页

《红星照耀中国》（青少版）33页

选段7

这一切规定似乎都很进步，当然与共产主义理想来说也许还有很大距离。但是苏区为求生存还忙不过来，居然能实现这种情况，这一点是的确令人感到兴趣的。至于实现的情况是多么原始，那是另外一回事！他们有俱乐部、学校、宽敞的宿舍——这一切都

是肯定的——但是这都是在窑洞里,下面是土地,没有淋浴设备,没有电影院,没有电灯。他们有伙食供应,但吃的是小米、蔬菜,偶尔有羊肉,没有任何美味。他们领到苏区货币发的工资和社会保险金,这一点也没有问题,但是能买的东西严格地限于必需品——而且也不多!

"无法忍受"!一个普通美国工人或英国工人会这样说。但是对这些人来说并不是如此。你得把他们的生活同中国其他地方的制度作一对比,才能了解为什么原因,例如,我记得上海的工厂里,小小的男女童工一天坐在那里或站在那里要干十二三小时的活,下了班精疲力尽地就躺倒在他们的床——机器下面铺的脏被子——上睡着了。我也记得缫丝厂的小姑娘和棉纺厂的脸色苍白的年轻妇女——他们同上海大多数工厂的包身工一样——实际上卖身为奴,为期四五年,给工厂做工,未经许可不得擅离门警森严、高墙厚壁的厂址。我还记得一九三五年在上海的街头和河浜里收殓的二万九千具尸体,这都是赤贫的穷人的尸体,他们无力喂养的孩子饿死的尸体和溺婴的尸体。

《红星照耀中国》257 页
《红星照耀中国》(青少版)209 页

【点拨】

如果你的阅读过程足够细心,你应当会在《红星照耀中国》这部作品中发现更多与上面的几个选段相类似的段落。在这些段落中,作者针对着自己的目标读者,使用多种多样的方式来拉近读者与他们可能不熟悉的内容之间的距离,并且用必要的解释和澄清来避免可能产生的误读。

可以说上面的四个选段体现了针对读者避免误读的几种不同的形式：

选段4严格来讲并不是真正的选段，甚至也不是作品正文的内容，而只是在行文过程中，作者为读者提供的必要的注释，我们会发现，在这本书里，作者给出了很多这样的注释，来解释西方读者不熟悉的词汇或概念，以消除不同文化语境所产生的隔膜。更有趣的是，当我们阅读这本书的中译本时，我们既可以看到斯诺专门为欧美读者所做的关于中国人的一些词语、概念、单位、人物、常识等方面的注释，又可以看到这部作品被翻译成中文后，译者专门为中国读者提供的注释，这些注释恰恰是对欧美读者熟悉而中国读者可能陌生的词语、概念、单位、人物、常识等方面的必要解释。当一部纪实作品有特定的读者群，特别是这个读者群与作品内容存在着距离的时候，这种注释的提供是非常必要的。

选段5可能会使中国读者感到别扭，陕北红军领袖被比作了希腊神话中的英雄。但是，这对于西方读者来说又恰恰是必要的做法，可能我们用很多很多的语言也难以向他们准确地描述刘志丹的性格，以及刘志丹在被冤屈时候的心情，但一个希腊神话中的英雄的比方，可以让西方读者很快理解人物的心境与性格。

选段6不惜笔墨地介绍中国封建社会以来的一种基层管理制度，即"保甲制度"，并对当时的保甲情况，特别是阶级构成进行了简明扼要的介绍。文中这种制度、文化层面的介绍还有很多，

这些介绍无疑可以消除理解上的隔膜。

选段7所描述的实情很有可能引起误读，而作者斯诺很敏锐地捕捉到了这种误读，并直接用"一个普通美国工人或英国工人"可能产生的误读为引子，引起对实情的解释，引导读者要关注苏区与中国其他地区，甚至与西方读者心目中较为发达的上海的比较，以澄清认识，使他们能够站在中国历史发展的阶段来设身处地理解苏区工业建设的成果、苏区工人的精神状态，而不是囿于西方已有的工业水准而产生误读。

简而言之，对中国本土基本常识、基本制度的解释，中西方话语的对照或对应，澄清基本事实以避免误解，这样的一些对西方读者特别有针对性的做法，在《红星照耀中国》这部纪实作品中，可以说随处可见。

【探究】

1. 在构建"人类命运共同体"的今天，我们"讲好中国故事"，自然不仅仅是针对中国人自己，要很重要的是我们要对世界讲好中国故事，在这个过程中，澄清事实、避免误读或歧义，是非常重要的事情。我们可以从《红星照耀中国》这部作品中学习哪些办法来用别人听得懂的话，更好地讲述我们的"中国故事"？在讲述的过程中，可能会产生哪些误读？我们又该如何避免误读？

2. 作为西方人的斯诺，自然了解西方的文化心理、社会状况，同时，他又是一位"中国通"，并且还对苏区进行了深入细致实地考察。正因为此,他才成为向西方世界立体展示苏区真实状况的第一人。那么,今天的我们如果要向世界讲述"中国故事"的话,除了讲述的本领之外,我们还需要哪些学习或积累?

★ 三、讲什么与怎样讲：纪实作品的内容与表达

纪实作品的写作既要保持客观、理性，同时，又一定会有作者的立场和观点，甚至还会有很多内容引起读者的情感共鸣。

【思考】

请结合你对《红星照耀中国》整本书的阅读经验想一想，怎样写作纪实作品，才能既客观呈现，又表明观点，同时，还能引起读者的情感共鸣呢？

【点拨】

一篇文章的表达效果，与写作内容和表达方式都有关系，一部纪实作品的表达效果，也和这两者密切相关。并且，如果说文学作品，特别是虚构作品的形式可以独立具备审美价值，而未必一定要为内容服务的话，纪实作品，作为一种实用写作，其表达方式则一定是要为内容服务的。因此，在完成上面的思考的时候，不妨给这本书的内容分分类，哪些内容以叙事为主，哪些内容以写人为主，哪些内容是作者的分析或评价，哪些内容是对相关背

景的介绍，哪些内容是对具体场景的描摹，哪些内容是对多元观点的展示或呈现，哪些内容是作者的分析或评价等等。

梳理了这些内容之后，我们可能可以更好地理解纪实作品是如何使用多种表达方式的。

选段 1

蒋介石采取了新战略，充分利用他的最大有利条件——优势资源、技术装备、外面世界的无限供应（红军却同外面世界隔绝）机械化战术，一支现代化空军，可以飞航的作战飞机近四百架。红军缴获了少数几架蒋介石的飞机，他们也有三四个飞行员，但是他们缺乏汽油、炸弹、机工。过去经验证明，进犯红区，企图以优势兵力突袭攻占，结果要遭到惨败，蒋介石现在改用新的战略，把他大部分军队包围"匪军"，对他们实行严密的经济封锁。因此，这基本上是一场消耗战。

这样做代价很大。蒋介石修建了几百、几千英里的军事公路，成千上万个小碉堡，可以用机关枪火力或大炮火力连成一片。他的又攻又守的战略和战术可以减弱红军在运动战上的优势，而突出了红军兵力少、资源缺的弱点。实际上，蒋总司令在他著名的第五次围剿中等于对苏区修建了一条长城，逐步收拢，其最后目的是要像个铁钳似的夹住和击溃红军。

蒋介石聪明地避免在公路碉堡网以外暴露大部队。他们只有在得到大炮、装甲车、坦克和飞机滥炸得非常良好掩护下才前进，很少进到碉堡圈几百码以外。这些碉堡圈遍布江西、福建、湖南、广东、广西诸省。红军由于被剥夺了佯攻、伏击或在公开交战中出奇制胜的机会，不得不采取新战略，他们开始把他们的主要力量放在阵地战上，这一决定的错误及其错误的理由，本书以后还要述及。

据说第五次战役主要是蒋介石的德国顾问们设计的，特别是已故的冯·西克特将军，他曾任纳粹陆军参谋长，有一个时期是蒋介石的首席顾问。新战术是彻底的，但进展缓慢，代价浩大。作战进行了几个月，但是南京对敌军主力还没有打出决定性的一击。不过，封锁的效果在红区是严重地感觉到了，特别是完全缺盐这一点。小小的红色根据地是越来越不足以击退它所受到的全部军事和经济压力了。为了维持这次战役中所进行的一年惊人的抵抗，尽管红军否认，但我怀疑对农民想必进行了相当程度的剥削。但是同时必须记住，红军的战士大多数都是新分了土地和获得了选举权的农民。中国的农民仅仅为了土地，大多数也是愿意拼死作战的。江西的人民知道，国民党卷土重来意味着土地回到地主的手中。

南京方面当时认为它的歼灭战快要成功。敌人已陷入重围，无法脱身。除了在国民党收复的地区进行"清剿"以外，每天还从空中进行轰炸和扫射，消灭的农民当有千千万万。据周恩来说，红军本身在这次围困中死伤超过六万人，平民的牺牲是惊人的。整块整块的地方被清除了人口，所采取办法有时是强迫集体迁移，有时更加干脆地集体处决。国民党自己估计，在收复江西苏区的过程中，杀死或饿死的人有一百万。

《红星照耀中国》180 页

《红星照耀中国》(青少版) 148 页

选段 2

　　四川军队大概从来没有见过这样的战士——这些人当兵不只是为了有个饭碗，这些青年为了胜利而甘于送命。他们是人，是疯子，还是神？迷信的四川军队这样嘀咕。他们自己的斗志受到了影响；也许他们故意开乱枪不想打死他们；也许有些人暗中祈祷对方冒险成功！终于有一个红军战士爬上了桥板，拉开一个手榴弹，向敌人碉堡投去，一掷中的。军官这时急忙下令拆毁剩下的桥板，但是已经迟了。又有几个红军爬了过来。敌人把煤油倒在桥板上，开始烧了起来。但是这时已有二十个左右红军匍匐向前爬了过来，把手榴弹一个接着一个投到了敌军机枪阵地。

　　突然，他们在南岸的同志们开始兴高采烈地高嗵："红军万岁！革命万岁！大渡河三十英雄万岁！"原来白军已经仓皇后撤！进攻的红军全速前进，冒着舔人的火焰冲过了余下的桥板。纵身跳进敌人碉堡，把敌人丢弃的机枪掉过头来对准岸上。

　　这时便有更多的红军蜂拥爬上了铁索，赶来破灭了火焰，铺上了新板。不久，在安顺场过了河的一师红军也出现了，对残余的敌军阵地展开侧翼进攻，这样没有多久白军就全部窜逃——有的是窜逃，有的是同红军一起追击，因为有一百左右的四川军队缴械投诚，参加追击。一两个小时之内，全军就兴高采烈地一边放声高唱，一边渡过了大渡河，进入了四川境内。在他们头顶上空，蒋介石的飞机无可奈何地怒吼着，红军发疯一样向他们叫喊挑战。在共军蜂拥渡河的时候，这些飞机企图炸毁铁索桥，但炸弹都掉在河里，溅起一片水花。

《红星照耀中国》195 页

《红星照耀中国》（青少版）159 页

选段 3

　　我必须承认彭德怀给我的印象很深。他的谈话举止里有一种开门见山、直截了当、不转弯抹角的作风很使我喜欢,这是中国人中不可多得的品质。他动作和说话都很敏捷,喜欢说说笑笑,很有才智,善于驰骋,又能吃苦耐劳,是个很活泼的人。这也许一半是由于他不吸烟、也不喝酒的缘故。有一天红二师进行演习,我正好同他在一起,要爬一座很陡峭的小山。"冲到顶上去!"彭德怀突然向他喘吁吁的部下和我叫道。他像兔子一般蹿了出去,在我们之前到达山顶。又有一次,我们在骑马的时候,他又这样叫了一声,提出挑战。从这一点和其他方面可以看出他精力过人。

　　　　　　　　　　　　　《红星照耀中国》271 页

　　　　　　　　　　《红星照耀中国》(青少版) 219 页

彭德怀司令(左)与两位同志

选段4

　　大家知道，中国共产党是在一九二一年才成立。它发展很快，到一九二三年，国民党创建人孙逸仙博士同苏俄达成了他的那个著名的协议。当时国民党和共产党都没有当权，都自称要为实现民主而斗争。要达成协议很容易。一九二四年，国民党在俄国顾问帮助下，按照列宁党的方式，进行了改组，同中国共产党结成了联盟，共产党员在领导和组织一九二五——一九二七年的大革命中非常活跃，结果推翻了北京的腐败独裁政权。

　　这种合作的基础，就共产党人而论，可以归结为孙逸仙博士和国民党接受两大革命原则。第一个原则承认有必要采取反帝政策——用革命行动收复政治上、领土上和经济上的全部主权；第二个原则要求在国内实行反封建反军阀政策——对地主军阀实现民主革命，建设新式的社会、经济、政治生活，共产党和国民党都认为这必须是民主性质的。

　　当然，共产党认为"资产阶级民主"革命的胜利实现，是将来建立社会主义社会的先决条件。因此，他们采取支持"民主的民族独立和解放"运动的立场是合乎逻辑的。

　　不幸孙逸仙博士在一九二五年革命还没有完成的时候就去世了。到一九二七年，国共两党的合作宣告结束。从共产党的观点看来，国民革命也可说是在那时候完结了。国民党的右翼，在新军阀的控制之下，在某些外国、通商口岸银行家和地主的支持之下，跟合法选出的汉口政府宣告决裂。他们在蒋介石领导下在南京另立政权，当时共产党和国民党中的大多数都认为这个政权是"反革命的"，也就是说，是反对"资产阶级民主革命"本身的。

国民党不久便顺从南京的政变，但共产主义却成了杀头的罪名。共产党人为民族主义的主要两点——反帝运动和民主革命——实际上已被放弃了。接着就是军阀的内战和后来对高涨的土地革命加紧进行镇压。成千上万的共产党员和前农会、工人领袖遭到了杀戮。工会都被解散。所谓"开明的专政"对各种形式的反对力量都进行镇压。即使这样，军队中却仍有不少共产党员保存下来，在整个大恐怖时期党没有被打垮。在内战中虽然耗资达几十亿元，可是到了一九三七年，红军在西北所占领的地方却是在他们完全控制下的一块最大的连成一片的地区。

《红星照耀中国》79页
《红星照耀中国》（青少版）65页

选段5

　　到五月间，作为让步的交换，苏区准备改名为"边区政府"，红军已申请作为国民革命军编入国防部队。党和红军的全国代表大会五月和六月分别召开了。会上作出了决定，要采取实现同国民党合作的新政策。在这些大会上，列宁、马克思、斯大林、毛泽东、朱德和共产党其他领导人的画像同蒋介石和孙中山的画像挂在一起。

　　这些现象反映了共产党方面总的来说愿意在形式上和名称上作必要的让步，同时又保留他们在主义上和纲领上的基本内容，和他们的在自治条件下的存在。国民党口头唱得好听的孙中山的三民主义，像在大革命时期一样又受到共产党的尊重。这不是蒋介石的三民主义，因为共产党给了他们自己的马克思主义的解释。很明显，马克思主义，还有社会革命的基本原则，他们是决不会放弃的。他们所采取的每一新步骤、所作的每一变化,都是从马克思主义的角度来进行检查、辩论、决定和结合的,而且也是从无产阶级革命的角度,共产党并没有放弃无产阶级革命,这仍是他们的最终目标。

《红星照耀中国》430页

《红星照耀中国》(青少版)345页

从上面的这些选段中,不难看出这部纪实作品运用了多种表达方式,呈现了多类型的写作内容,从而以一种讲述与评论结合、感性与理性互见的讲述方式,多角度地呈现苏区状况,使得纪实作品本身有了历史的高度。基本事实的叙述、具体场景的描摹、典型人物的展现、历史背景的关联、多元观点的呈现、客观中肯的分析,这些结合起来,共同构成了这部纪实作品的讲述方式。

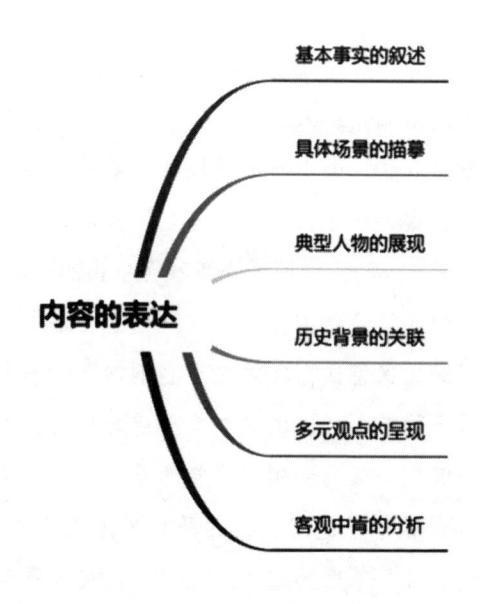

内容的表达
- 基本事实的叙述
- 具体场景的描摹
- 典型人物的展现
- 历史背景的关联
- 多元观点的呈现
- 客观中肯的分析

【探究】

今天我们要"讲好中国故事",在讲述内容、讲述方式上,可以向斯诺的《红星照耀中国》学习什么?

★ 四、通过纪实作品阅读，学习讲好中国故事

【思考】

　　完成本章前三个环节的各项任务，特别是各环节最后的思考题之后，对于"讲好中国故事"，你有了哪些新的认识或体验？

【点拨】

　　本章前三个环节，分别从"讲述者""接受者""内容与表达"等角度分析了《红星照耀中国》这部纪实作品的讲述特点，而这三个维度的思考，在纪实作品的写作中，也的确是非常重要的。

　　今天我们向世界"讲好中国故事"，是需要向斯诺、向《红星照耀中国》这样的经典作品学习的。回顾本章的学习过程，我们不难发现：

　　多元的讲述主体，构成了不同角度的讲述，基于事实呈现而保持对多方声音的尊重，使讲述更受信赖。

　　考虑接受者的文化心理、已有认识、潜在立场等，才能让听讲的人能更好地听懂，同时避免误读。

　　讲述与评论结合，情感与理性互见的讲述方式往往能够使纪

实讲述生动而有深度。

以上三点，是斯诺作品《红星照耀中国》中所呈现的特点，同时，也是我们今天讲好中国故事所能够借鉴的最主要的内容。

跟斯诺学习"讲好中国故事"

谁在讲

作者的声音
- 无明显预设立场的讲述者
  - 作者自证
  - 结识双方人物并试图得到支持

实地考察的见证者
- 观察
- 采访
- 保留意见
- 承认事实
- 判断者

> 多元的讲述主题，构成了不同角度的讲述，基于事实呈现而保持对多方声音的尊重，使讲述更真实可靠。

故叙者的声音
- 不同声音的整理、记录、和讲述人物
  - 党和军队的领袖人物
  - 普通党员、和普通战士
  - 苏区人民群众
  - 不同阶层的群众

群众的声音
反对者的声音

对谁讲

中国本土意识的解释
- 西方活语的对照与对应
- 澄清基本事实已遏免潜在误读

- 西方人
- 苏区之外的中国人
- 全世界

> 考虑接受者的文化心理，已有认识，潜在立场，让听者的人能听得懂，同时遏免误读。

讲什么，怎么讲

- 基本事实的叙述
- 具体场景的描摹
- 历史背景的关联
- 典型人物的展现
- 多元观点的呈现
- 客观中肯的分析

> 讲述与评述结合，情感与理性互见的讲述方式

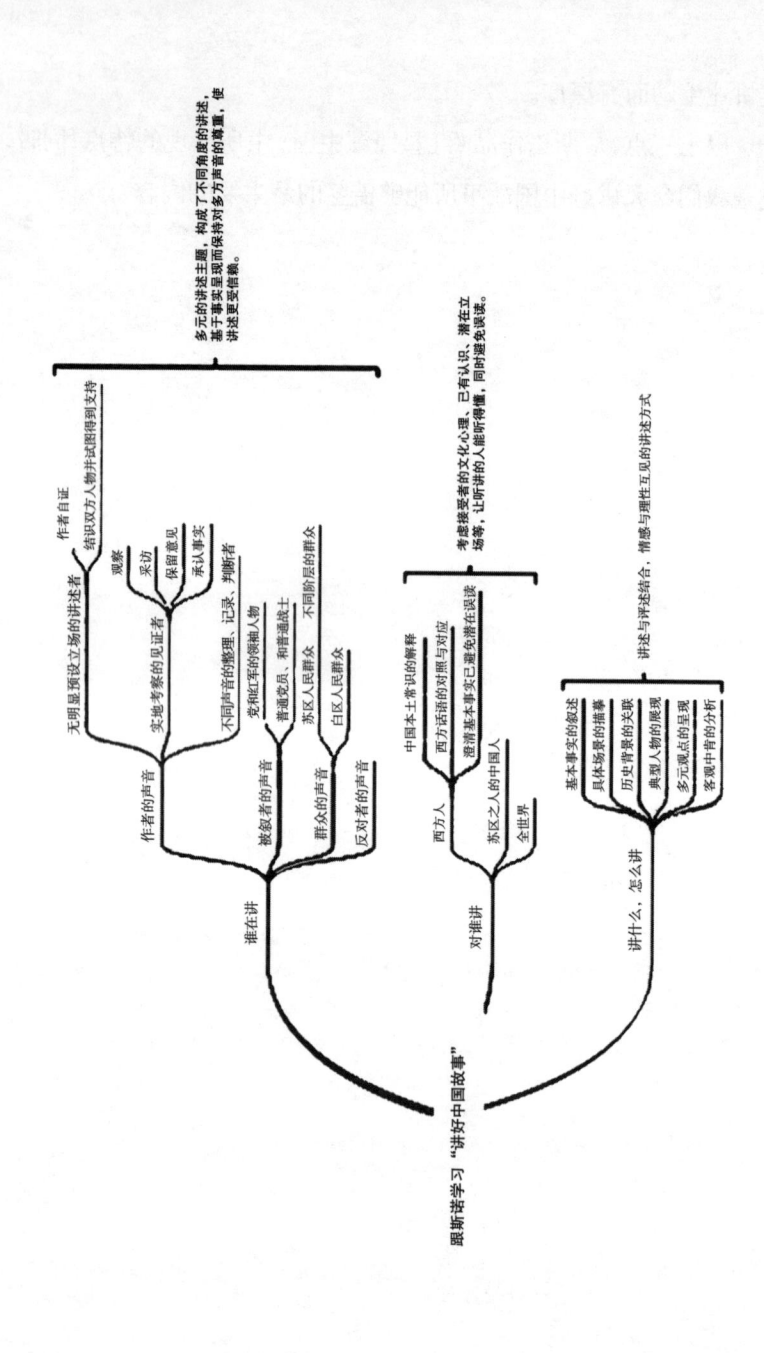

资 料 库

★ 埃德加·斯诺生平大事记
★ 人物名片
★ 《红星照耀中国》版本报告

★ 一、埃德加·斯诺生平大事记

1905年　7月19日生于美国密苏里州堪萨斯城。

1928年　7月6日抵达中国上海。

1929年　担任《密勒氏评论报》代理主编和《芝加哥论坛报》驻华记者；7月4日在内蒙古写下题为《拯救二十五万生灵》的现场报道，并把这次采访称为"我一生中的一个觉醒点"。

1930年—1931年任"美国统一新闻协会"远东记者，在中国东南沿海、华南、西南及东南亚、南亚采访。

1932年　12月25日圣诞节与海伦·福斯特在美国驻日本东京大使馆举行结婚典礼。

1933年　3月与妻子海伦·福斯特·斯诺到达北平（今北京）安家。

1934年　任燕京大学新闻系兼职讲师。

1935年　斯诺夫妇移居北平城内崇文门盔甲厂13号。12月9日，北平爆发爱国学生抗日救亡运动，斯诺夫妇向国内外发出许多新闻报道。

1936年　6—10月访问陕北革命根据地。第一次见到毛泽东、

埃德加·斯诺和妻子海伦·斯诺

周恩来。10月12日离开保安。同月,斯诺夫妇编译的中国现代短篇小说集《活的中国》出版。

1937年 《红星照耀中国》在英国戈兰茨出版公司出版。

1938年 2月《红星照耀中国》的中文译本在上海以"复社"的名义出版。因为当时的政治环境,译本定名为《西行漫记》。

1941年 由于报道"皖南事变"真相,被国民党政府取消了在中国采访的权利,1月被迫离开中国返回美国。

1942年—1945年 先后三次会晤美国总统罗斯福。

1942年3月—1946年 任《星期六晚邮报》记者,访问印度、缅甸、伊朗、伊拉克、苏联和中国。

1942年 1月到达苏联,采访苏联红军。7月第一次访问英国,会见并采访了英国许多著名军政人物。返回美国后,于1944年6月,从美国再次到苏联采访。

1945年　初春,从苏联返回美国;4月到欧洲采访德国法西斯投降;9月到沙特阿拉伯采访;12月中旬到达日本。

1946年　从朝鲜返回美国。

1949年　5月,与海伦结束了他们17年的婚姻。

1959年　9月,被迫离开美国移居瑞士。

1960年　6月28日到达北京访问新中国,出席新中国成立11周年庆祝大会。

1962年　第一次访问新中国后写的《大河彼岸》在美国出版。

1964年10月—1965年1月　第二次访问新中国。

1968年　将两次访问新中国的拍摄镜头汇集成74分钟的纪录片《人类的四分之一》。

1970年8月—1971年2月　斯诺与夫人洛伊斯·惠勒·斯诺访问中国。10月1日,斯诺夫妇应邀登上天安门城楼,出席新中国成立21周年庆祝大会。

1972年　2月15日凌晨,斯诺在瑞士日内瓦逝世。

1973年　10月19日,斯诺的部分骨灰安葬在北京大学校园内的未名湖畔。

1974年　5月18日,斯诺的另一部分骨灰安葬于美国纽约州赫德逊河畔。

★ 二、人物名片

（按斯诺采访的出场顺序，《红星照耀中国》原著中有生平介绍的人物不再赘述）

邓发

我国工人运动的著名领袖之一。1906年生，广东省云浮县人。由于家境贫寒，早年到香港做工。受苏兆征的影响，参加了海员工会和洋务工会。1922年参加香港海员大罢工，1925年参加省港大罢工，任工人纠察队队长。同年10月加入中国共产党。后参加北伐战争。1927年春任中共广东油业总工会支部书记。同年12月参加广州起义，任第5区副指挥，指挥油业工人作战。起义失败后，辗转广州、香港、上海等地从事工人运动和武装斗争，任中共香港市委书记、广州市委书记、闽粤赣边特委书记兼军委会主席等职。

1931年7月到中央苏区，任红军总司令部政治保卫处处长、国家政治保卫局局长，领导中央红军的政治保卫工作。先后被选为中共苏区中央局委员、中华苏维埃共和国中央执行委员、中央政治局候补委员。1934年10月参加长征,任军委第2野战纵队副司令员兼副政治委员、中央纵队第1梯队司令员兼政治委员、陕甘支队第3纵队政治委员等职。1936年6月被派往苏联,任中共驻共产国际代表团代表。1937年9月回国,任中共驻新疆代表和八路军驻新疆办事处主任。1939年秋到延安,任中共中央党校校长。

1940年初,党中央为加强职工运动的领导,调任邓发为中央职工运动委员会书记。此后,他一直肩负解放区职工运动的领导工作。主持创办《中国工人》月刊。1945年9月代表中国解放区职工参加中国劳动协会代表团,出席巴黎世界工人联合会成立大会。1946年4月8日由重庆返回延安途中,因飞机失事,在山西兴县黑茶山遇难。

资料来源:新华社

李克农

曾用名李泽田、李震中等。1899年9月15日生于安徽省巢县炯炀镇中李村(今属巢湖)一个职员家庭。

1926年冬加入中国共产党。1927年3月任国民党芜湖县党部宣传部部长,开展地方群众工作,支援国民革命军北伐。大革命失败后,辗转到上海,先后筹办中共组织领导的《铁甲车》报、《老百姓》报。1929年冬化名打入上海无线电管理局任广播新闻编辑,不久升任电务股股长,在中共中央特科领导下从事秘密情报工作。1931年4月及时将中共中央政治局委员顾顺章在武汉被捕叛变的紧急情报转报上级,使中共中央机关安全转移,免遭国民党当局的破坏。同年冬到中央苏区后,任江西省苏维埃政府政治保卫分局执行部部长、中华苏维埃共和国临时中央政府政治保卫局执行部部长，曾被选为中华苏维埃共和国中央候补执行委员。1932年任中国工农红军第一方面军政治保卫局局长、红军工作部部长，参与组织领导苏区和红军政治保卫工作的建设。长征中负责进行敌情侦察和保卫中共中央机关安全的工作。到陕北后，任中共中央联络局局长，负责与东北军和第17路军的联络，从事社会各界的统一战线工作和建立白区的秘密交通工作。1936年春曾作为中共代表在洛川与张学良达成局部停战协定。西安事变发生后，任中共代表团秘书长，到西安协助周恩来工作。1937年1月曾代表红军在潼关与国民党中央军代表顾祝同进行停止内战的谈判。后在西安组织领导红军办事处。

抗日战争爆发后，先后任八路军驻上海、南京办事处处长、八路军总部秘书长、中共中央长江局秘书长。1938年11月组建八路军驻桂林办事处并任处长。协助周恩来等开展抗日民族统一战线工作，并组织为八路军、新四军筹备军需物资和秘密输送中共过往人员的工作。1941年1月皖南事变后，奉命撤回延安，任中共中央社会部副部长。1942年兼任中共中央情报部副部长，参与领导秘密情报组织的建设工作。抗日战争胜利后，于1946年1月任北平军事调处执行部中共方面秘书长，负责中共代表团的党务行政和情报工作。1947年3月中共中央撤离延安后，任中共中央后方委员会委员，参与中央和军委后方机关的组织工作。在叶剑英的领导下，具体负责各地情报系统的工作，为中共中央和中央军委及时掌握敌情和指挥全国解放战争起了重要作用。1948年任中共中央情报部代理部长和中央保密委员会主任委员，参与策动和平解放北平、湖南、川康、云南、西藏等地的工作。多次组织国民党军海空军和"中国航空公司""中央航空公司"的起义，成功地组织实施了中共中央和中央军委所需的情报工作。

新中国成立后，任中共中央情报委员会书记、中央情报部部长、外交部副部长、中央军委总情报部部长。曾领导肃清北平数千名敌特，为稳定社会秩序、防止反革命破坏，做了大量艰巨的工作。1951年7月抱病赴朝鲜参加停战谈判，直至1953年7月27日朝鲜停战协定签字。同年任中国人民解放军副总参谋长。1954年4月作为中国政府代表团代表，出席讨论和平解决朝鲜问题和恢复印度支那和平的日内瓦会议，协助首席代表周恩来工作，并主持代表团的内外事务和联络工作。1955年兼任中共中央调查部部长。

1955年被授予上将军衔，获一级八一勋章、一级独立自由勋章和一级解放勋章。

1962年2月9日在北京病逝。

多才多艺，尤其喜爱戏剧表演艺术。在战争年代，曾编写过剧本，并亲自上台表演。

资料来源：中国政府网

贺龙

1896年生，原名文常，字云卿，湖南桑植人。

1914年加入孙中山领导的中华革命党。曾任县讨袁护国军总指挥、湘西护国军营长、靖国军团长、四川警备旅旅长、混成旅旅长、建国川军师长。1926年参加北伐战争，任国民革命军第九军一师师长、第二十军军长。1927年8月参加领导南昌起义，任起义军总指挥，同年加入中国共产党。土地革命战争时期，任中国工农红军第四军军长、中共湘鄂西前敌委员会书记，红二军团总指挥兼红二军军长，红三军军长，红二、六军团总指挥兼湘鄂川黔省革命委员会主席和湘鄂川黔军区司令员，红二方面军总指挥。1935年率部长征。

抗日战争时期，任中共中央军委委员、八路军一二〇师师长、一二〇师军政委员会书记，率部开辟晋西北抗日根据地。1939年任冀中军政委员会书记、冀中区总指挥部总指挥。1940年任晋西北军政委员会书记、晋西北军政民联合委员会主任委员。1942年到延安，任陕甘宁晋绥联防军司令员。1945年当选为第七届中共中央委员。抗战胜利后，任晋绥军区兼晋绥野战军司令员、第一野战军副司令员、中共中央西北局第二书记、西北军区司令员、西安市军事管制委员会主任。

新中国成立后，任中央人民政府委员、西南军区司令员、中共中央西南局第三书记、西南军政委员会副主任。1952年任国家体育运动委员会主任。1954年任中央人民政府革命军事委员会副主席、国务院副总理兼国家体委主任、国防委员会副主席。1955年9月被授予中华人民共和国元帅军衔。1956年当选为第八届中共中央委员、中央政治局委员。1959年任中共中央军委副主席、中央军委国防工业委员会主任。

1969年6月9日逝世，终年73岁。

资料来源：中国政府网

张闻天（洛甫）

1900年生，化名洛甫，上海南汇人。

早年入南京河海工程专门学校学习，受《新青年》影响倾向革命。五四运动爆发后，投身于学生运动，并开始从事文艺创作和翻译工作，评介外国文学名著，后在南京加入少年中国学会。

1920年至1923年，先后到日本东京、美国旧金山学习和工作。1925年6月在上海加入中国共产党。同年冬被派往莫斯科中山大学、红色教授学院学习，并任助教、翻译，同时兼任共产国际东方部报道员。1931年2月回到上海，不久担任中共中央宣传部部长。同年夏，共产国际决定成立临时中央，他被指定为临时中央政治局委员及政治局常委。1933年初，随中央机关从上海迁入江西中央革命根据地。1934年1月，在中共六届五中全会上当选为中央政治局委员、中央书记处书记。2月，在中华苏维埃二大当选为中央政府人民委员会主席。

1934年10月参加长征。遵义会议前夕，拥护毛泽东的正确主张。在遵义会议上，根据毛泽东的意见作了批判"左"倾军事路线的报告，为会议的成功召开做出了贡献。

抗日战争爆发后，1938年5月，兼任延安马列学院院长。1942年，到陕北和晋西北农村作了一年多的农村调查。曾长期兼任党中央宣传部长、西北工作委员会主任、《解放》周刊主要负责人、《共产党人》编辑，作了大量宣传教育工作。1945年在中共七届一中全会上当选为中央政治局委员。抗战胜利后，到东北工作，1946年春任合江省（今在黑龙江省内）省委书记；1948年春任中共中央东北局常委兼组织部长，并任东北财政经济委员会副主任；次年调任辽东省（今在辽宁省和吉林省内）省委书记，为东北根据地的开辟和建设做出了贡献。新中国成立后到外交战线工作。1951年4月出任驻苏联大使。1954年底回国任外交部第一副部长。1956年在中共八届一中全会上当选为中央政治局候补委员。他还是第一、第二届全国人大常委会委员。

1976年7月1日在江苏无锡病逝。主要著作编为《张闻天选集》。

资料来源：中国政府网

刘伯承

1892年生，曾用名刘伯坚，四川省开县人。

1912年考入重庆军政府将校学堂。1914年加入孙中山领导的中华革命党。辛亥革命时期从军，参加了反对北洋军阀的护国、护法战争，任连长、旅参谋长、团长。

1926年加入中国共产党。北伐战争时期，任国民革命军四川各路总指挥、暂编第十五军军长。1927年参加领导了"八一"南昌起义，任中共前敌委员会参谋团参谋长。后留学苏联，先后在高级步兵学校及伏龙芝军事学院学习，1930年回国。土地革命战争时期，任中共中央长江局军委书记，红军学校校长兼政治委员，中央革命军事委员会总参谋长兼中央纵队司令员，中央红军先遣队司令，中革军委总参谋长，红军大学副校长，中央援西军司令员。参加了长征。抗日战争时期，任八路军一二九师师长。解放战争时期，任晋冀鲁豫军区司令员，中原军区司令员，第二野战军司令员，南京市军事管制委员会主任、南京市市长。

新中国成立后，历任中共中央西南局第二书记，西南军政委员会主席，中国人民解放军军事学院院长兼政委，中央人民政府

人民革命军事委员会副主席，军委训练总监部部长，高等军事学院院长兼政治委员，中共中央军委副主席，第一、二、三届国防委员会副主席。1959年4月起任第二至五届全国人大常委会副委员长，1980年辞去第五届全国人大常委会副委员长职务。1982年后因年龄和健康原因辞去党、国家和军队领导职务。是中共第七届中央委员，第八至十一届中央政治局委员。

1955年被授予元帅军衔，曾获得一级八一勋章，一级独立自由勋章和一级解放勋章。

1986年10月7日在北京逝世，终年94岁。

资料来源：中国政府网

刘志丹

1903年10月出生于陕西省保安县（今志丹县）金汤镇。

1922年考入榆林中学。1924年冬加入中国社会主义青年团。1925年春转为中国共产党党员。同年冬受党指派入黄埔军校第四期学习。1926年秋从黄埔军校毕业后，参加北伐战争。

1927年大革命失败后，刘志丹担任中共陕西省委秘密交通工作。1928年4月，参与领导渭华起义，任西北工农革命军军事委员会主席。同年秋，任中共陕北特委军事委员会书记，在陕甘边从事兵运工作。

1931年10月，刘志丹与谢子长等组建西北反帝同盟军，任副总指挥。后改编为中国工农红军陕甘边游击队，刘志丹任总指挥，开辟以照金、南梁为中心的陕甘边革命根据地。此后，相继任陕甘边红军临时指挥部副总指挥兼参谋长、红26军42师师长、中共陕甘边军事委员会主席、西北革命军事委员会主席,把陕北、陕甘边两块苏区连成一片,成为中共中央和各路北上抗日红军长征之后的落脚点。

1935年9月,刘志丹任红15军团副军团长兼参谋长,参与指挥劳山战役。后任北路军总指挥兼第28军军长、中共中央所在地瓦窑堡警备司令。他经常教育部队顾全大局,绝对服从中共中央的领导和调遣。

1936年3月,刘志丹率红28军参加东征战役,挺进晋西北,迭克敌军。4月14日在中阳县三交镇战斗中亲临前线侦察敌情,不幸左胸中弹,壮烈牺牲,年仅33岁。为纪念他,中共中央和陕甘宁边区政府决定将保安县改名为志丹县。

资料来源:新华网

刘晓

1908年出生于湖南省辰溪县,1926年9月加入中国共产党。

1934年10月,刘晓参加了长征,任工农红军一军团政治部地方工作部部长。1937年5月,党的白区工作会议召开后,刘晓受党中央派遣到上海恢复和重建地下党组织,领导党的秘密工作,任中共上海群众工作委员会书记。

刘晓到上海后的首要任务是着手建立上海党组织领导机构。根据党中央的指示,刘晓、冯雪峰和王尧山组成中共上海三人团,刘晓全面主持上海地下党的工作,通过各条战线的党员和活动分子有力推动抗日救亡运动的全面展开。

1937年11月初,经中央批准,在中共上海三人团的基础上,正式成立中共江苏省委，刘晓任中共江苏省委书记。11月12日，上海除租界地区外全部失守。12月中旬，潘汉年前往香港，刘晓仍留在上海，负责主持中共江苏省委的工作。从抗日战争一直到上海解放，地下党的领导机关始终没有遭到破坏。刘晓的积极努力工作，为上海地下党的重建打下了政治上、思想上和组织上的良好基础，使得中共江苏省委建立后一开始工作就比较顺利。

1940年3月，刘晓一度调至中共中央南方局工作。同年9月，他重新回到上海工作。1941年太平洋战争爆发前，为配合潘汉年的情报工作，刘晓和江苏省委还抽调了一批干部，协助潘汉年加强开展情报工作的基础，解决情报来源。

1943年1月，中共中央决定撤销中共江苏省委，在淮南根据地成立华中局敌区工作部（又称城市工作部），对外称新四军政治部调研室，刘晓任部长，继续领导江苏各地以及上海等日、伪占领城市秘密党组织的斗争和统战工作。1944年4月，刘晓根据华中局决定前往延安出席七大，9月兼任中共中央城市工作部副部长。

1945年10月，刘晓任中共中央华中分局常委。1946年2月，他从延安回到上海，继续领导上海地下党的秘密工作，先后任中共中央上海分局书记、中共中央上海局书记，主持上海局的全面工作。新中国成立后，刘晓任上海市委第二书记兼组织部长，协助陈毅使上海市的经济得到迅速恢复和发展。1955年以后他主要从事外交工作，历任驻苏联大使、外交部常务副部长、驻阿尔巴尼亚大使等。

1988年6月11日,刘晓因病在北京逝世。

资料来源:中国共产党新闻网

徐海东

1900年生,湖北黄陂徐家桥村(今属大悟县)人。出身贫寒,当过11年窑工。

1925年4月加入中国共产党。1926年夏入国民革命军,参加北伐战争。1927年大革命失败后返回家乡,任农民自卫队队长,11月率队参加黄麻起义。在创建鄂豫皖苏区的斗争中,历任中共区委书记,县赤卫军大队长,中国工农红军营长、团长、师长。1932年秋,红四方面军主力离开鄂豫皖后,任重建的第26军副军长兼74师师长,后任第28军军长、第25军军长,在极端困难的处境下,坚持大别山区的斗争。1934年11月,红25军奉中央军委指示撤出鄂豫皖苏区,向北转移,任副军长、军政治委员、军长。1935年9月率部到达陕北,后任红15军团军团长。为把革命大本营奠基大西北建立了不朽的历史功绩。

抗日战争全面爆发后,任八路军第115师第344旅旅长,率部参加了平型关战斗和晋察冀边区反"八路围攻"、晋东南反"九路围攻",指挥了温塘、张店、町店等战斗。特别是町店一战,取得全歼日军一个联队,毙伤敌近千人的重大胜利。1938年6月,因病回延安,曾入马列学院学习。1939年9月,随刘少奇赴华中,任新四军江北指挥部副总指挥兼第4支队司令员。12月指挥周家岗等战斗,取得反"扫荡"的胜利,对巩固和发展皖东抗日根据地具有重要意义。他骁勇善战,不怕牺牲,在战斗危急时刻,经

常身先士卒,被群众誉为"徐老虎",先后9次负伤,积劳成疾。1940年病情严重,仍随军参与指挥作战。1941年5月任中共中央华中局委员。后长期治疗、休养。1955年被授予大将军衔。

1970年3月25日逝世于郑州。

资料来源:中国政府网

★ 三、《红星照耀中国》版本报告

脚印

1936年10月下旬,埃德加·斯诺,一个外国记者,在陕北苏区采访了四个月之久,终于秘密地返回北京。在妻子海伦·斯诺的协助下,他全力以赴地投入紧张的写作之中,并迅速地在《每日先驱报》《太阳报》《大美国晚报》等英文报刊发表。首先发表的《毛泽东访问记》和有关红区各方面状况的一篇篇特写报道,很快轰动了中国的知识界,也吸引了世界关注中国陕北正在发生的事情的目光。

1937年3月,在斯诺夫妇热情无私的支持下,大学生王福时主持,与郭达、李放等共同编译了《外国记者西北印象记》一书,在北平秘密出版。该书的主体部分《红旗下的中国》后来均收入戈兰茨公司《红星照耀中国》。那张曾风行一时,被国内外报刊广泛采用的头戴红星帽的毛泽东照片也首次刊入该书。该书不胫而走,甚至在广东省的小县、小镇都有出售。

1937年10月,英国戈兰茨公司出版《红星照耀中国》,很快

成为风靡西方世界的畅销书。

1938年2月10日，半年之后，在胡愈之组织筹划下，由林淡秋、梅益等十二位翻译家以"复社"名义匆忙翻译出版了第一个"红星"译本，此书据1937年10月英文版《红星照耀中国》译出，考虑到当时的政治环境，书名译作《西行漫记》。

当时因受到国民党当局查禁，《西行漫记》出版后曾被改名为《二万五千里长征记》《红旗下的中国》等多个版本秘密出版。

这本书改变了不少知识青年的命运，很多青年在读过本书后，像怀揣珍宝一样，奔赴革命圣地——延安。

此后，延安等地的出版组织将《西行漫记》第四、五两章（《一个共产党员的来历》和《长征》）以"抽印本"形式独立出版，分别更名为《毛泽东自传》和《二万五千里长征》。这些"抽印本"流传十分广泛。1939年，斯诺重返延安，毛泽东对他说：这本书是"外国人报道中国人民革命的最成功的两部著作之一"。

从抗战时期到解放战争结束，《西行漫记》各种版本如雨后春笋般面世，其出版地点不仅有根据地的，也有国统区和游击区的，也有因避免搜查而根本不署地点或出版社名称的。

1949年新中国诞生前夕，上海史家康等六人合译的《长征25000里》出版，副题《中国的红星》。这是直译了书名。由于此书早在十年前即译出，故特别标明为"启明书局民国三十八年六月新一版"。

同年9月，"亦愚"翻译的《西行漫记》（副题《二万五千里长征》）以"急流出版社"的名义在上海印行。1949年的两个版本，共同点是均据1937年7月美国再版的《红星照耀中国》译出，由于美国版曾经被斯诺修订增补，故这两个译本文字繁简方面与胡愈之主持翻译的"复社"版有所出入。

"文革"期间，《西行漫记》停止出版发行。在许多单位和部门，它被加盖"严控"之类印戳后密封于图书馆和资料室中停止出借。

1979年，著名翻译家董乐山的全新译本《西行漫记》出版，封面标明原名：《红星照耀中国》，此书据1937年伦敦初版本全文译出，增译了第十篇中第五节的《那个外国智囊》，恢复了在英美风行一时的英文初版本的历史原貌。这是董乐山先生的第一本翻译著作。当时人民出版社找到董乐山，要他对胡愈之版本《西行漫记》及各式海量版本的原文核校一遍，增补一些材料。他发现这些版本由于战争动荡、信息封闭、文化水平差异等原因，很多翻译语言生硬，表述艰涩，翻译中有许多史实错误以及人名、地名、书刊名称的错误，他索性重译，纠正了上述问题。这一次，董乐山给这本书译了一个响亮而浪漫的原名——《红星照耀中国》。

董乐山版《红星照耀中国》在中国流传数十年来，是国内最忠实于原著的崭新全译本，也是一部具有里程碑性质的经典版本。正像斯诺英文原著书名"RED STAR OVER CHINA"所表明的深刻含意：它宛如一颗光华璀璨、熠熠闪亮的"红星"永远照耀朝气蓬勃的新中国。

1979年董乐山的全新译本《西行漫记》出版后极受欢迎，很快售罄，接连加印，两年左右即发行165万册。《红星照耀中国》什么时候变成正式书名的呢？1984年8月，新华出版社出版了四卷本的《斯诺文集》，在第二卷中，扉页恢复英文原名《红星照耀中国》，而将《西行漫记》改为副题。

2016年5月，人民文学出版社推出的《红星照耀中国》，得到董乐山先生家属的独家授权，在沿用董乐山翻译书名的同时，收入了五十余幅1937年、1938年、1939年三个版本的插图，极为珍贵。我们特聘了几位专家对本书再做精益求精的校订。

2017年7月部编本教材把《红星照耀中国》定为纪实类课程作品，同一单元的另两部自主阅读作品也是由人民文学出版社编辑出版，一本是《长征》，一本是《飞向太空港》。

教育部为什么要选择董乐山译本《红星照耀中国》？北大教授曹文轩老师做了很好的回答。

《红星照耀中国》只不过是一个西方记者的采访和观察，为什么会产生如此经久不衰的阅读魅力？多少年过去了，它非但没有在书山书海中淹没，反而越发光彩地照耀中国？我想它的魅力来自最根本的一点：真实。董译本文字优美，叙述用了小说语言，很多风景描写可以作为美文来大声朗读。

《红星照耀中国》呈现了可以让我们触摸的一段中国革命史。无论是作为主要人物形象的毛泽东，还是那些笔墨或多或少，甚至只是一笔带过的人物，都很真实。真实，使这些面容各异、神态各异、谈吐举止各异的共产党人，更富人格魅力。

斯诺不仅有很强的梳理能力，更有出色的叙事能力。我们可以从他对毛泽东的肖像描写看到他的叙事能力——那是一个作家的叙事：

> 他是个面容瘦削、看上去很像林肯的人物，个子高出一般的中国人，背有些驼，一头浓密的黑发留得很长，双眼炯

炯有神，鼻梁很高，颧骨突出。我在一刹那间所得的印象，是一个非常精明的知识分子的面孔，可是在好几天里面，我总没有证实这一点的机会。

　　我第二次看见他是傍晚的时候，毛泽东光着头在街上走，一边和两个年轻的农民谈着话，一边认真地在做着手势。我起先认不出是他，后来等到别人指出才知道。南京虽然悬赏二十五万元要他的首级，可是他却毫不介意地和旁的行人一起在走。

　　毛泽东的形象就这样活生生地出现在了你的眼前。

　　而这样的经典片段在《红星照耀中国》里比比皆是。这个优美的翻译文本是董乐山完成的。

　　《红星照耀中国》是新闻写作和纪实写作的经典教材，适宜中学生开阔眼界，提高阅读与欣赏及写作水平。